De olifanten van Botswana

Ada Rosman-Kleinjan

De olifanten van Botswana
met een 4x4 door Moremi en Chobe

Foto achterkant: ontmoeting op de Caprivistrip

Copyright © Ada Rosman-Kleinjan*reizen en schrijven
1e druk 2016

2e kleintje **Wombat**. Verre bestemmingen dichtbij
Wombat reisboeken
www.adarosman.nl / info@adarosman.nl

Herstellung und Verlag:
BoD – Books on Demand, Norderstedt
ISBN 978 3739227238
NUR 508

fotografie: Jan Rosman
ontwerp landkaart: Ton van der Last
ontwerp omslag en opmaak: Wim Wisman en Ada Rosman-Kleinjan
opmaak binnenwerk: Ada Rosman-Kleinjan
(met dank aan Patrice Kragten voor haar onmisbare hulp en enthousiasme)

Alle rechten voorbehouden, niets uit deze uitgave mag worden verveelvoudigd, opgeslagen in geautomatiseerde gegevensbestanden, of openbaar gemaakt in enige vorm of op enige wijze, hetzij elektronisch, mechanisch, door fotokopieën, opnames, of op enigerlei andere manier, zonder voorafgaande schriftelijke toestemming van de auteur.

Inhoud

Naar Maun *9*
Briesende nijlpaarden en arrogante leeuwen *13*
Door het water naar The Third Bridge *18*
Op safari *24*
We hebben hier vriendelijke leeuwen *30*
Overstekende olifanten *34*
Onder de apenboom *39*
Terug in de bewoonde wereld *43*
Het nijlpaard en de liefde *46*
Terug in Namibië *61*
Op de Caprivistrip *66*
In Afrika *70*
Etosha *73*
Allemaal olifanten *77*

Literatuurlijst *81*

'Als je niet weet waar je naartoe gaat, zal elke weg je er brengen' **Afrikaans gezegde**

Voorwoord

In uw handen heeft u de 2e uitgave van: kleintje **Wombat** Verre bestemmingen dichtbij.
Enkele jaren geleden ben ik met deze reeks begonnen om kortere reizen waar toch veel over te vertellen valt, vorm te geven.
Jan en ik hebben verschillende reizen door zuidelijk Afrika gemaakt. Over een aantal van deze reizen heb ik een boek geschreven, waarbij altijd Namibië centraal stond.
In een 'gewone' auto hebben we zes reizen gemaakt en meer dan 40.000 kilometer afgelegd door Zuid-Afrika, Namibië en Botswana. Deze reis, in een vierwielaangedreven auto (4WD), was een heel andere manier van reizen. Dit keer stond niet Namibië maar Botswana centraal. Een bijzondere reis waar veel over te vertellen valt: ziehier het resultaat.
Stap in, doe uw gordel om, stuiter mee over slechte wegen en zoek samen met ons naar olifanten.

Ada Rosman-Kleinjan

Naar Maun

'Kijk, dit is voor jullie,' zegt de vrouwelijke douanebeambte, een stevige vrouw met een ingewikkeld gevlochten haarkapsel en een vriendelijke lach op haar gezicht.
'Wat leuk! Dit is de eerste keer dat ik een cadeautje van de douane krijg,' lach ik terug en kijk naar een cd-rom van Botswana met een kleurige folder.

Namibië uitrijden gaat net zo snel als Botswana binnenrijden. Het wat saaie landschap van Namibië gaat naadloos over in Botswana. Alleen die lelijke bavianen respecteren de grens. In Namibië wemelde het van deze beesten, in Botswana zien we ze niet...
Het is erg rustig op de weg en Jan trapt het pedaal in tot 120 kilometer en geen kilometer harder. Het mag, maar belangrijker, het kan hier. De instructies die we van de mensen van ASCO in Windhoek kregen waren duidelijk, helder en streng.
Een verongelukte auto in de werkplaats van dit autoverhuurbedrijf liet overduidelijk zien wat er met een auto, laat staan met de inzittenden, kan gebeuren wanneer men te hard rijdt. Mocht dit wrak nog niet overtuigend genoeg zijn, dan gaf de Wall of Shame in dit bedrijf, met verongelukte auto's in beeld en cijfers, je wel het gevoel je als een voorbeeldige en nette chauffeur te gedragen.
We rijden in zo'n dikke, witte 4x4 met een stoere tent boven op het dak van de wagen. Na zes reizen in een gewone sedan door zuidelijk Afrika is het nu tijd voor het grotere en ruigere werk: we gaan naar Chobe en Moremi in Botswana. In 2003 stonden we met een gewone auto bij de ingang van Chobe en beloofden onszelf dat we ooit nog eens terug zouden komen; ooit is nu aangebroken! Jan rijdt gemakkelijk, ik vind de wagen toch wel erg

groot, erg lang en erg hoog. Alles wat we denken nodig te hebben voor de *bush* hebben we bij ons: beddengoed, kookspullen, een tafel met twee stoelen, veel kabels en snoeren, gereedschap, veertig liter water in een tank, een tevreden snorrende koelkast, lampen en reservewielen. Alles zit ergens op of hangt wel ergens aan. Jan begreep de uitleg uitstekend, ik stond er wat verloren bij. Maar... dit zegt veel over mijn technische inzicht en niets over de behulpzame man die geduldig alles uitlegde.

Het landschap is eindeloos veel van hetzelfde, lage begroeiing en veel loslopend vee. Koeien, geiten, schapen en paarden lummelen in hun eigen tempo over de weg, rusten uit in de schaduw van kleine bomen, laten overal de dikste drollen achter en interesseren zich geen lor voor de overige weggebruikers. Er is geen veehoeder te bekennen. Het zijn zelfstandige dieren die vast en zeker elke avond foutloos de weg naar hun kraal terug weten te vinden. Door de zon witgeblakerde beenderen en uitgedroogde karkassen laten zien dat niet elk dier op tijd de overkant weet te halen. Kleine dorpjes komen voorbij, lopende mensen komen en gaan van... geen idee. Waggelende struisvogels hobbelen snel voorbij en een piepkleine oribi staat wat eenzaam aan de rechterkant van de weg. Het is duidelijk: we zijn in Afrika. Het voelt vertrouwd, maar toch is het voor mij ook altijd wel weer even wennen. Gaan de dingen zoals we graag willen, doet de auto het goed, komen we geen mensen tegen met snode plannen? Maar, aan de andere kant weet ik ook dat ik het reisritme snel zal oppakken.
In Ghanzi stoppen we en kunnen we zonder problemen *pula* uit de muur halen. In gedachten ga ik terug naar 2003, toen we nergens geld konden pinnen. Uiteindelijk lukte het bij een speciaal apparaat in de supermarkt. Ik

word altijd wat zenuwachtig als ik geen geld bij me heb. Hoewel men soms wel met een bankpas of de creditcard kan betalen, moeten veel dingen cash betaald worden.
Hoe dichter we bij Maun komen, hoe Afrikaanser het wordt. Tussen de betonnen huisjes duiken met riet bedekte punthuisjes op. Een jongeman met een kar getrokken door twee ezels stopt als wij stoppen om een foto te maken. In zijn bakkie zitten twee jonge kinderen die maar wat graag op de foto willen. In de vuile deken die het grootste kind zorgzaam in zijn handen vasthoudt, ligt een babymeisje heerlijk te slapen. Ik laat de gemaakte foto's zien; de kinderen moeten erg lachen om het resultaat.

Maun herken ik niet meer. Het stoffige stadje van toen is nu een volwaardige stad geworden met grote winkels als Shoprite, tankstations en veel borden die de toerist moeten verleiden om te komen overnachten, te komen eten, een excursies te maken, met andere woorden om hun geld uit te geven.
Herero-vrouwen zitten in hun vele, kleurige jurken als dikke matrones op de grond, het hoofddeksel, in de vorm van de hoorns van een koe, stevig op het hoofd. Alleen het kijken naar deze vrouwen maakt me al warmer dan ik toch al ben.
Maun is de uitvalsbasis voor de Okavango Delta. Toeristen brengen geld mee, vaak erg veel geld en de stad dijt uit. Grote winkels naast kleine winkels. Er heerst een sfeer van het oude Wilde Westen waar langzaamaan de welvaart binnensijpelt. Eigenlijk is het een sfeerloos geheel en toch heeft het wel wat. Ik houd wel van dit soort plaatsen, plaatsen die bijna van de wereld afdonderen en waar op de een of andere manier altijd iets meer mag en kan dan elders.

Wi-Fi maakt een camping extra aantrekkelijk en zo belanden wij bij het Sedia Hotel en weten het beiden direct: hier waren we ook in 2003. Mooie stek bij het hotel, zwembad, royale kampeerplekken, schoon sanitair en gratis Wi-Fi. Grappig, Maun mag dan onherkenbaar veranderd zijn, hier komen onze herinneringen direct naar boven. De hotellobby is een echte Afrikaanse lobby. Grote, houten nijlpaarden, olifanten, maskers en kleden geven een aangename en warme sfeer af. Twee lachende receptionistes schrijven ons in.

'Zoek zelf maar een plekje uit; maakt niet uit waar.'

Jan rijdt het terrein op en parkeert de wagen net dicht genoeg bij het toiletgebouw. De daktent is snel uitgeklapt, de stoelen en tafel zetten we in de schaduw van stekelige bomen. Twee loerende katten, die alles met argusogen in de gaten houden, sluipen rond. Het is heerlijk buiten. Geroezemoes van de andere gasten, waaronder een groep motorrijders, getjilp van onzichtbare krekels en Afrikaanse muziek bij de buren. We lopen naar het terras bij het zwembad waar al heel wat mensen zitten te eten. Een heerlijke plek om mijn dagboek bij te werken, wat te lezen, wat te drinken en om onze reisplannen nog eens door te nemen; met andere woorden gewoon genieten.

'Ik moet nog een bier en een cappuccino betalen,' zeg ik tegen het meisje aan de bar.

Oef, daar moet ze erg van zuchten.

'Hoeveel heb je net betaald?' zucht ze nog een keer.

'45 pula.'

'Is oké.'

Briesende nijlpaarden en arrogante leeuwen

Met ruim 140 liter in twee verschillende tanks en nog een jerrycan gevuld met twintig liter diesel stevig vastgesnoerd op het dak, zijn we klaar voor ons eerste park in Botswana: Moremi. Elise van Explore Namibia en Explore Botswana, heeft alle campings voor ons gereserveerd. Om zonder reservering naar een camping te rijden in deze parken is een te grote gok. Zo heeft de Khwai Campsite, onze bestemming, maar tien plekken en die zijn snel vol.

'Ik wil graag weten waar jullie zijn, dus jullie krijgen ook een Garmin en een satelliettelefoon mee,' besliste Elise zorgzaam voor ons.
Met zo veel techniek aan boord moet het helemaal goed komen en toch vind ik het spannend. Botswana is van een heel ander niveau dan het Etosha-park in Namibië. Hier is een 4x4 echt een vereiste. Er is niets te koop in de parken, we moeten alles meenemen. Maar hoeveel neem je mee? We hebben blikjes groente, vlees en vis, aardappelen, rijst, pasta, uien en paprika's. Brood voor de eerste dagen, crackers, koekjes, zoute chips, koffie, thee en water, veel water. Er is wel water op de campings, maar dat moet eerst gekookt worden. De kampeeruitrusting is bijzonder uitgebreid. Van een aardappelschilmesje tot een vergiet, potten en pannen, bekers en kopjes, een lamp, een afwasteiltje, een lang verlengsnoer: je kunt het niet verzinnen of het zit wel in de auto. Het bed is top, met een prima matras en twee dekbedden met kussens.
Aan de kant van de weg kopen we van een man, sorry ik heb geen wisselgeld, een paar bundels hout en rijden dan naar de Khwai Campsite, onze eerste bestemming in het Moremi-park.

De Okavango Delta is de grootste binnenlandse delta ter wereld; sinds 2014 staat het zelfs op de lijst van het Werelderfgoed van de UNESCO. Eigenlijk is het een gigagroot moerasgebied; gevoed door de Okavangorivier. Een indrukwekkende rivier van circa 1.600 kilometer lang. De rivier vindt zijn oorsprong in Angola en mondt uit ergens in de Kalahari. Een paradijs voor dieren, van heel groot tot heel klein en daardoor is dit gebied weer een paradijs voor de mens. We hoeven niet voor de indrukwekkende omgeving te gaan, daar is dit deel van de wereld niet bekend om. Naar Botswana gaat een mens voor de dieren, voor heel veel wilde dieren in hun eigen omgeving. Het Moremi Game Reserve en het Chobe National Park zijn weer een onderdeel van de Okavango Delta.

En dan nemen we afscheid van het prima asfalt en rijden op *dirtroad*; dikke rillen zand en hard opgedroogde modder vereisen de volle concentratie van de chauffeur. Er is weinig verkeer, maar dan hoppa… olifanten. De eerste dieren komen aarzelend tevoorschijn, altijd waakzaam en zorgzaam voor de jonkies in de groep. Een ukkie loopt veilig tussen twee grotere dieren, een puber vindt al dat gedoe maar niks, wil eigenlijk niet meer bij de groep horen, smakt wat nonchalant rond om uiteindelijk toch maar weer de bescherming van de groep op te zoeken. Links en rechts komen de donkergrijze dikhuiden voorbij. Voordat we zelfs officieel het park binnen zijn, tellen we al snel vijftig olifanten. Hoe leuk kan het zijn?
Bij de grote toegangspoort lopen we naar binnen en laten onze vouchers zien. Alle reispapieren zijn handig in een grote map gedaan, zo raakt er niets zoek en heb ik alles snel bij de hand. De parkranger spreekt uitstekend Engels; we betalen het entreegeld voor het park en de auto.

'Chobe Lodge valt buiten het officiële deel en daar hoeven jullie niet voor te betalen, dan ben je alweer in Kasane,' legt de man uit en doet zorgzaam de permit met een groot rood stempel in mijn rode map.

'Bij elke camping moet je dit laten zien. Meld je dan bij het kantoor van de camping, het gebouw kun je niet missen.'

Niets staat ons nu meer in de weg om op zoek te gaan naar de camping die voor ons is geserveerd; 35 kilometer rijden waar we minimaal een uur voor nodig hebben.

Jan bekijkt de kaart, zet de Garmin aan en rijdt weg. Het is een mooie rit en ruim een uur later melden we ons bij de balie van het kantoor.

'Ik geef jullie plek MK3, een prachtge plek met uitzicht op de rivier. De wind geeft wat verkoeling en ook de gapende nijlpaarden zorgen voor wat verfrissing,' zegt de kleine ranger met een lach.

De man draagt een donkere bril en heeft een dun vlassig baardje. Het geeft hem het uiterlijk van een schoolmeester uit de vorige eeuw. Hij pakt een verfommeld schrift waar onze namen al keurig in staan.

'We zijn in het land van de dieren, alles loopt hier vrij rond, er is geen afrastering. Ruim je spullen goed op en laat alsjeblieft geen voedsel slingeren. De bavianen en vervetaapjes zijn razendsnel, hondsbrutaal en grijpen alles sneller dan jij kunt verzinnen. 's Nachts komen de hyena's en jakhalzen en die vreten alles, en dan bedoel ik echt alles, inclusief schoenen,' gaat de man lachend verder, maar de ondertoon is serieus.

Een mens zou bijna de auto in z'n achteruit zetten om zo snel mogelijk weer naar Maun te rijden. Gelukkig zijn we superstoer en knikken enthousiast op alles wat deze man ons vertelt.

'O ja, als je straks een eind richting de rivier rijdt, zie je bij een boom met een termietenheuvel drie leeuwen liggen; misschien wel leuk om even naartoe te rijden. Enne, al het afval in de bakken.'
We knopen alles goed in de oren en zo worden we de bush ingestuurd. Ik haal diep adem, slik, stap in de auto en we rijden naar de campingplek die goed is aangegeven. Op een paar meter van onze plek liggen dikke olifantendrollen als vers bewijs dat deze dieren hier ook wel eens rondslenteren. Een grappig contrast met de plek die keurig aangeharkt is, wat ik dan weer schattig vind van die ranger die 's morgens met een hark alle kampeerplekken langsgaat om deze netjes aan te harken.
Bavianen en ververtaapjes schieten snel weg als we er aankomen. De dieren verdwijnen razendsnel in de bomen, de baby's slingeren ritmisch met de mama's mee.
In het water van de Khwai-rivier briezen onzichtbare nijlpaarden, vogels gaan als gekken tekeer, de apen ruziën als viswijven en kleine eekhoorntjes rennen weg als muizen. In deze dierentuin maken we ons kamp. Wat een wereldstek! Het is heet vandaag, ruim 35 graden, absoluut niet klammig of benauwd, dus heel goed vol te houden.

'Wat is dat toch?' vraagt Jan zich hardop af en wijst naar wat zich nog het best laat omschrijven als een dikke boomstronk en we turen nog iets beter.
'Het kan zo maar een leeuw zijn,' zeggen we zelfbewust tegen elkaar en kijken gefascineerd naar het vormeloze geval dat langzaamaan in een enorme leeuw verandert.
Allemachtig, wat een zeldzaam groot dier. Zich volledig bewust van zijn koninklijke uitstraling en absolute macht, loopt de leeuw rustig naar de boom, waar een andere leeuw relaxed in de schaduw ligt. Nummer drie laat zich

niet zien, maar dat wil absoluut niet zeggen dat hij er niet is.

Jan rijdt verder over de paden, waar we zelf onze weg moeten zoeken, geen bordjes of aanwijzingen, slechts ruwe wegen die door het park gaan. Tientallen nijlpaarden, alleen hun glimmende ruggen komen boven het water uit. Grote koppen met die rare, belachelijk kleine oortjes komen af en toe naar boven om even een schep lucht te happen. Nijlpaarden zijn levensgevaarlijk en verantwoordelijk voor de meeste doden, door dieren in Afrika. Een leeuw mag dan de reputatie hebben, het zijn echter de nijlpaarden waar de mens echt voor uit moet kijken. Wij zitten hoog, droog en veilig in de auto, waar de airco voor verkoeling zorgt. Waterbokken, zebra's, elanden; we rijden door een dierentuin zonder hekken en dan te bedenken dat veel dieren zich niet laten zien.

De ranger komt even buurten én om te controleren of alles in orde is én of alle gasten wel op de camping aangekomen zijn. Wij knikken enthousiast en roemen zijn mooie camping. De man vertrekt met een grijns op zijn gezicht.
'Tjsst,' hoor ik de Nederlandse buurvrouw roepen.
Te laat, een baviaan is er met hun diner vandoor gegaan. De pan vinden ze later terug, de pasta is verdwenen. Het lawaai is bij vlagen oorverdovend. Wat bij daglicht geweldig klinkt, vind ik zo in het donker toch beduidend anders klinken.
'Volgens mij zijn dat leeuwen,' doet Jan er enthousiast nog een schepje bovenop, als we ineens indrukwekkend gebrul horen.
'Het is donker, zullen we naar bed gaan?' reageer ik laf.
Zo hoog in mijn bedje op het dak van de auto, voel ik me helemaal veilig.

Door het water naar The Third Bridge

De dagen in Afrika beginnen vroeg, zo ook in Botswana. Ondanks het oorverdovende gebrul van de dieren hebben we beiden goed geslapen. Tussen al het lawaai van de wilde dieren hoorde ik ook regelmatig de koelkast achter in de wagen aanslaan. Hoe uitersten elkaar ontmoeten.
Is er een mooier deel van de dag dan de ochtend? Jammer genoeg hebben de apen ook erg goed geslapen, zijn ze bijzonder goed uitgerust en helemaal klaar voor deze nieuwe dag van toeristje pesten. Ze hebben er duidelijk zin in. Een aap zit hoog op een tak en begint, zonder enige waarschuwing vooraf, te piesen. Ik kan net op tijd wegkomen. Even later gooit het kleine kreng de boomvruchten naar beneden. Lekker rustig schrijven is er deze ochtend niet bij.
'We hebben amper geslapen; we vonden al die dierengeluiden toch wel erg spannend,' zegt de buurvrouw eerlijk. Ik snap haar wel, het klonk ook allemaal erg indrukwekkend en vooral erg dichtbij. Zij vertrekken voor een dagje park en komen hier aan het eind van de dag weer terug. Wij gaan verder naar The Third Bridge Campground.
Ik ben onder de indruk van de faciliteiten van dit park en de camping. Schone toiletten, een lekkere warme douche, een kraan op elke plek, een braai en afgesloten afvalbakken. Alleen de bewijzering is erg slecht. Natuurlijk wil geen mens hier grote ANWB-borden en palen, maar zelfs met de Garmin en Jan zijn richtingsgevoel is het nog erg lastig om iedere keer uit de diverse zandpaden, net die ene te pikken die we graag willen hebben. De auto is geweldig en Jan rijdt er helemaal op zijn gemak in.
'Volgens de Garmin moeten we hier rechtdoor,' zegt Jan en zet de auto stil voor een plas water.

Mm, ik vind het nog wel een hele plas en tuur alsof ik door het autoraam de diepte kan peilen.
'Ik weet niet zeker of we goed gaan,' komt er achteraan.
'Zullen we terugrijden naar de laatste afslag waar dat onduidelijke bordje stond? Misschien hebben we niet goed gekeken,' zeg ik.
Zo gezegd, zo gedaan en bij het onduidelijke bordje komen we onze Nederlandse buren tegen. Volgens hen rijden we goed.
'Zullen we samen verder rijden? Wij willen ook die kant op,' stelt zij voor.
Super. Dat geeft net wat meer vertrouwen.
'Willen jullie ook een kop koffie? We proberen tijdens onze reizen zoveel mogelijk drie keer per dag te eten en 's morgens nemen we graag even de tijd voor een kop koffie,' leg ik uit.
Ik pak de thermosfles met heet water van de achterbank en de doos met koffie- en theespullen.
'Graag, ik heb al vijf dagen geen koffie gehad,' zegt ze met een diepe zucht.

Jan rijdt voorop, zij volgen. Het water is gelukkig minder diep dan het lijkt en Jan, en later ook Jasper, rijdt er snel doorheen om vervolgens door diepe kuilen, ongelofelijk rul en los zand, grote graspollen en flinke waterplassen richting onze bestemming te rijden. Het wild laat zich vandaag amper zien en dat is misschien maar goed ook. Het rijden vergt veel energie en als bijrijder heb ik mijn handen vol om mee te rijden, mee te kijken en om mijn ogen dicht te knijpen als ik het wel erg veel van het goede vind.
Het is spannend rijden en bij de Xakanaxa Gate scheiden onze wegen zich. Jasper en zijn vriendin gaan een andere route dan wij. Jan zet de wagen in de schaduw van een

paar bomen. Ik zet thee, smeer brood en we genieten van een lekkere lunch op een mooie plek. Deze gate is de plek waar je je moet melden voor de camping. Er zijn toiletten, vriendelijke en behulpzame mensen en voor een passend bedrag zijn er zelfs flessen water te koop. Het gebouw ziet er fris geschilderd uit, met aan de onderkant een patroon van driehoekige, bruin geschilderde figuren. Overal liggen, als decoratie, uitgedroogde botten van dieren. De schedels van olifanten, giraffes en waterbuffels zijn snel te herkennen. Sommige beenderen zijn indrukwekkend groot. Binnen is alles schoon, hoewel het verval alweer is begonnen. Maar er zijn toiletten die doorspoelen en water om mijn handen te wassen. Voor een groot park als dit, waar alles naartoe gebracht moet worden, vind ik het allemaal top.

De Dry Route, aangegeven op een van de spaarzame bordjes, naar onze camping is niet meer in gebruik en leidt naar een bescheiden landingsbaan waar we duidelijk fout zijn; en zo draait Jan voor het eerst van zijn leven de auto op een landingsbaan voor vliegtuigen!
De dieren blijven onzichtbaar, geen olifanten te zien en de wegen blijven alles van Jan zijn concentratie vragen, want er moeten weer spannende hobbels genomen worden. Doordat het prachtig weer is, het nog erg vroeg is, er soms mooie rode bloemen bloeien (later hoor ik dat het vuurballelies zijn), en de zon volop schijnt, voelen we ons toch op ons gemak.
'Gaan we zo goed naar de The Third Bridge?' vraagt Jan aan twee mannen die bij een grote waterplas een potje eten aan het koken zijn.
'Geen idee. We zijn zelf ook verdwaald,' lacht de ene man zorgeloos terug.

Aan de klink van hun autodeur hangt een grote zak met lege blikjes. Enorme nijlpaarden liggen lekker topless te zonnen. De mannen voelen zich blijkbaar veilig genoeg om uit de auto te zijn en hun eten te koken. Mm, dat gaat mij toch net een stap te ver.
Het losse zand en de spannende waterplassen blijven ons parten spelen. Toch lukt het Jan elke keer weer om de auto veilig uit het water te rijden. Maar dan: bonk, net wanneer we het niet meer verwachten. De voorste wielen zijn verdwenen in een onzichtbare kuil in het water en wij staan stil, midden in een rivier met krokodillen.
'Zag je dat, het water spoot over de motorkap heen,' hoor ik opgewonden naast me.
Euh nee, ik had mijn ogen dicht en ondanks de airco breekt het zweet me uit. Gelukkig blijft Jan rustig, luistert hij niet naar mijn nutteloze aanwijzingen, zet de versnelling in een andere stand, de auto begint te bewegen en het water spuit hoog op als de wielen beginnen te draaien. De auto neemt het over, spartelt als het ware vanzelf weer naar boven en hopla, we staan veilig aan de overkant. We moeten beiden erg diep zuchten!
'Tjeetje, wat ben ik onder de indruk van deze auto. Ik gebruik nog geen kwart van zijn vermogen en we komen er met gemak uit,' merkt Jan enigszins verliefd op.

Eindelijk zien we de ingang van de camping waar een mannetjesolifant, een *bull*, eenzaam bij de ingang staat. Het schijnt dat het dier zo'n beetje bij deze camping hoort. Een mooi gevlekte giraffe stapt over de camping en is niemand tot last. Ik voel me nu al thuis. Blijkbaar is de giraffe ook een huisdier.
'Spannende weg hier naartoe,' zegt Jan tegen een ranger in het kantoor. 'Met al dat water.'
'Welk water?' vraagt de man verbaasd.

'Je kunt hier komen zonder door water te moeten, zo gauw je voor een diepe plas water staat, zit je fout,' legt de man uit, en ik hoor hem bijna hardop denken, daar heb je weer van die toeristen die er niets van snappen.
Zet dan enkele duidelijke, kleine bewegwijzeringen neer, denk ik weer terug. De man is zich niet bewust van het gesprek. Maar... we zijn er en krijgen plek één toegewezen, aan de rand van de camping.
'We zijn voor vannacht bijna volgeboekt,' zegt de knappe ranger die ons inschrijft en duidelijk de leiding heeft.
Een mooie man met prachtige witte tanden en een keurig verzorgd ringbaardje.
'Je kunt hier verschillende safari's boeken en we hebben zelfs een klein winkeltje. Ik wil jullie wel even goed waarschuwen voor de bavianen. Ze zijn razendsnel, pikken alles wat niet vast zit en weten zelfs de deuren van een auto open te krijgen. Doe alle portieren altijd goed op slot. Ik zweer je, op een goede dag stapt er eentje achter het stuur en rijdt weg,' komt er met een forse zucht achteraan.
'Ja, en dan zeker in een Mercedes,' grapt Jan.
Plek één is een grote plek, met een braai, een kraan en een schitterend uitzicht over de rivier, waar nijlpaarden over de bodem lopen. Botswana is een heerlijk kampeerland.
Er komt schielijk een dikke baviaan aanlopen; een kwade blik en een dreigende beweging van Jan is voldoende om het dier de stuipen op het lijf te jagen. Dat is dan tevens de hele bavianenbeleving op deze camping. De neushoornvogels, ook wel bananenvogels genoemd, zijn veel brutaler. Ze komen lekker dichtbij zodat Jan ze prima kan fotograferen, laten zich voor even wegsturen om enkele tellen later brutaal terug te komen. De grote, kromme, gelige snavel doet inderdaad aan een banaantje denken.

Het winkeltje is een oude zeecontainer, waar een forse jonge vrouw de scepter zwaait. Ondanks de hitte draagt ze een dikke, zwarte legging. Een 'muur' van riet geeft de oude container een perfecte Afrikaanse uitstraling. Fruit, drankjes, snoep, koffie, water, wijn en bier staan op de planken. Ik koop een paar zakjes chips, koude drankjes en een doos crackers. Er kan met de creditcard betaald worden.
'Binnenkort hebben we hier ook internet,' zegt ze met verlangen in haar stem.
Ze werkt twee maanden achter elkaar en is dan één maand vrij.
'Dan ga ik naar Maun waar ik woon.'
Het zal af en toe best wel pittig zijn om met een klein aantal mensen op deze afgelegen plek te wonen. Je moet het toch maar met elkaar zien te rooien. Bij de knappe ranger boeken we een jeepsafari van vier uur.
'Mochten er meer mensen bijkomen dan gaat de prijs naar beneden, tot een minimum van driehonderd pula per persoon,' legt de man uit.
'Werk je hier al lang?' vraag ik nieuwsgierig.
'Al vier jaar. Het is een goede baan, alleen zit ik zo ver van mijn familie af. Zij mogen hier niet wonen. Ik werk twee maanden en ben dan twee weken vrij. Mijn familie woont hier ongeveer duizend kilometer vandaan en dat is pittig,' gaat hij verder.
Voor veel Afrikanen is de familie alles, zonder familie besta je niet. Hij ziet er vermoeid uit.
'Morgen gaan mijn vrije dagen in. Een collega zal jullie dan ophalen voor de safari. Morgenvroeg rijd ik naar Maun en dan is het nog eens tien uur rijden voordat ik thuis ben.'
Jammer, ik was graag bij deze mooie man in de wagen gestapt!

Op safari

*I*ets sleurt me uit mijn slaap; het duurt even tot het goed tot me doordringt. Ik til mijn slaperige hoofd op en kijk door het horrengaas naar buiten, waar twee joekels van nijlpaarden op hooguit tien meter afstand van onze auto aan het grazen zijn. Wat een indrukwekkend gezicht.
's Nachts komen deze dieren graag uit het water, overdag blijven ze liever in het water; ze hebben een hekel aan de hete zon op hun huid. De bekken gaan ritmisch open en dicht en op het monotone geluid van deze grasetende dieren val ik al snel weer in slaap.

Matt, de ranger, ziet er vlot en netjes verzorgd uit. Om zijn pols een opvallend groot, rood horloge, hippe zonnebril op de neus, een snorretje en iets dat op een baardje lijkt. Hij lijkt een prima vervanger voor zijn mooie baas. Er zijn geen andere mensen bijgekomen.
'We gaan ongeveer vier uur rijden; we zien wat we zien. De natuur gaat hier zijn eigen gang en de dieren zijn totaal onvoorspelbaar. Aangezien jullie vandaag doorrijden naar Xakanaxa Campsite, stel ik voor dat we nu de andere kant uit gaan.'
'Prima,' zeggen wij.
Het wild laat zich niet sturen en we stappen snel in de hoge, open, zeer geriefelijke terreinwagen en hebben de hele auto voor ons alleen.
De impala's hebben enkele weken geleden hun jongen gekregen en bij elke groep die we zien, huppelen wel een paar kleintjes rond. Met pootjes zo dun als satéstokjes onder de tengere lijfjes lopen ze onzeker naast hun moeder.
Het landschap is bijzonder gevarieerd van kleur; veel waterplassen waar de nijlpaarden, altijd huiverig voor te

veel zon -watjes zijn het- soms hun koppen bovenuit komen steken om vervolgens weer onder water te verdwijnen.
'Ze kunnen heel goed over de bodem lopen. Als het water te diep is, nemen ze grote happen lucht, waardoor ze goed blijven drijven en zodoende kunnen ze ook in dieper water leven. Nijlpaarden kunnen veel, maar zwemmen is er niet bij. Een beetje nijlpaard kan wel anderhalve meter hoog worden en wel tweeduizend kilo wegen. Nijlpaarden gebruiken hun lippen om mee te grazen, hun tanden zijn uitsluitend bedoeld om van zich af te bijten,' legt Matt uit.
Weer iets geleerd. Het is rustig in het park. Het grote wild, zoals olifanten, luipaarden en leeuwen, laat zich niet zien. Allerlei verschillende soorten bokken scharrelen, springen en lopen rond. Springbokken die in groten getale leven in Namibië en Zuid-Afrika komen hier niet voor. Dames- en herenspringbokken vinden het hier veel te heet. Een giraffe-echtpaar hapt het ontbijt van de bosjes en vogels kwetteren door de lucht.
'We hebben hier ongeveer vijfhonderd verschillende soorten vogels in het park. Precies weten we het niet, aangezien we ook altijd veel immigratievogels krijgen,' legt Matt uit.
Zebra's lopen door ons beeld, wildebeesten en dan ineens een dier dat we niet kennen.
'Dat is de Tsessebe-antilope. Dit dier komt alleen in deze delta voor,' zegt Matt en laat een foto in zijn dierenboek zien.
De Afrikaanse naam is Basterhartbees en in het Nederlands wordt hij de lierantilope genoemd. Zo, die scoren we toch maar even. Ondanks de afwezigheid van het spannende wild, genieten we volop van deze rit. De zon haalt de mooiste kleuren uit de natuur en het hoge

gras schittert als een rode zee. De afwezigheid van de grote dieren wordt ruimschoots goedgemaakt door het relaxte rondrijden, het mooie weer en de kundigheid van de gids/chauffeur. Voor Jan fijn dat hij niet hoeft te rijden om zich zo volledig op de natuur en het fotograferen ervan te kunnen richten. Jan kijkt hoe Matt de auto door het losse zand stuurt. In principe moet je de auto het werk laten doen, zoveel maak ik erop uit. Gelukkig snapt Jan wat daarmee wordt bedoeld.

Een klein sportvliegtuigje vliegt over de delta, ongetwijfeld met toeristen die zo vanuit de lucht neerkijken waar wij nu rondrijden. In deze parken zijn luxe lodges voor die mensen die zich 'in laten vliegen.'

'Denk er goed aan, je moet niet door het water rijden. Als je voor water staat, ben je echt fout gereden. Wanneer je zo meteen de Fourth Bridge overgaat, rechts aanhouden,' zegt Matt.

In het kantoor is een grote kaart van dit gebied op de muur geschilderd. Ik maak er snel een foto van; de papieren kaarten zijn uitverkocht en het is overduidelijk dat je ook niet alleen op de Garmin kunt vertrouwen. Dat maakt dit park tot een spannend park. Het is nóg lastiger om de juiste weg te vinden dan het wild. Voor geen goud willen we ergens vast komen te zitten waar geen mens ons weet te vinden. Mocht het helemaal mis gaan dan hebben we een satelliettelefoon, maar die hopen we helemaal niet nodig te hebben.

'Vanuit de overheid mogen we niet te veel aan bewegwijzering doen. Ook vinden veel toeristen dit nu juist de grootste charme. Hier is de wildernis nog zoveel mogelijk wildernis,' legt Matt verder uit.

Helemaal duidelijk. Daarom natuurlijk ook nergens bordjes die de reiziger waarschuwen om vooral in de auto

te blijven. De reiziger wordt geacht zijn gezonde verstand te gebruiken. We leren hier elke dag erg snel bij.
'De hoofdwegen zijn in principe watervrij, kom je voor een flinke plas water, dan zit je echt op de verkeerde weg,' benadrukt Matt nogmaals.
Deze mensen zitten absoluut niet te wachten op toeristen die ergens muurvast in de blubber zitten. Wat hebben we gisteren geluk gehad dat onze watercrossings zo goed zijn verlopen. Ik kan er met terugwerkende kracht, ondanks de hitte, nog wel kippenvel van krijgen.

Nu Jan de spelregels en de route kent, rijdt hij vlot terug. De Fourth Bridge is een grote, houten brug van dikke boomstammen en meer dan geschikt voor alle zware terreinwagens die hier dagelijks overheen rijden.
'Volgens mij zijn dat waterbuffels,' wijst Jan naar links.
Er lopen tientallen zware, zwarte beesten door het landschap met hoorns als het kapsel van Pipi Langkous. Levensgevaarlijke dieren; vanaf een afstandje, veilig in de auto, kijken we een poosje naar deze dieren.
Twee olifanten staan gezellig naast elkaar aan de linkerkant van de weg. Hun oren wapperen als waaiers voor wat verkoeling. Ze keuren ons geen blik waardig; wij weten hun gezelschap wel te waarderen en maken een paar mooie foto's.
'Grappig, nu we zelf weer rijden zien we ze wel; vanmorgen waren alle grote dieren niet te spotten,' lachen we naar elkaar.
Maar dan, whow, niet te missen, een olifant, categorie indrukwekkend groot, staat doodstil midden op de weg waar wij nu net op rijden. Jan stopt de auto op respectabele afstand. Het dier staat er wat eenzaam en verloren bij. Misschien verstoten door de jongere mannen in de groep of misschien is ie wel op zoek naar een nieuw

vrouwtje. Geen idee. We maken foto na foto van het prachtige dier, voordat hij doorkuiert en ons zo de ruimte geeft om door te rijden. Zo, die hebben we binnen.

De Xakanaxa Campsite heeft tien plekken waarvan wij nummer één krijgen. Twee identieke toiletgebouwen voor de kampeerders. Jammer genoeg staat het oude gebouw er ook nog; ernstig vervallen en door de kapotte deur zie ik veel afval liggen. Ik snap helemaal dat men hier de natuur zoveel mogelijk zijn eigen gang wil laten gaan, maar iets dat door mensenhanden is gebouwd kan volgens mij ook weer door mensenhanden worden afgebroken. Zo zagen we naast de prima Fourth Bridge de oude en vervallen brug er nog naast liggen. Wanneer men alles afbreekt en opruimt, dan pas kan de natuur weer volop zijn gang gaan.
Vanaf onze plek kijken we over het water van de delta, drinken grote bekers rooibosthee en horen af en toe een onzichtbare nijlpaard briesen en knorren van geluk.
Het is nog vroeg, de dagen beginnen om vijf uur, lijken daardoor langer en zo is er nog volop tijd voor een safari voordat het donker wordt. Hebbes, we spotten al snel twee olifanten, maar helemaal blij ben ik wanneer ik een leeuw spot aan de linkerkant van de weg. Met Jan als reisgenoot, hij ziet werkelijk alles, is het bijna onmogelijk om iets als eerste te zien. Natuurlijk is het gewoon een kwestie van geluk dat ik net op het juiste moment de goede kant op kijk. Het dier gaat er nog eens extra goed voor zitten, staat even later op, loopt een paar stappen, zakt door zijn achterpoten om vervolgens uitgebreid te gaan poepen; daarbij arrogant om zich heen kijkend.
'Ik vind dat ie wat moeilijk kijkt,' concludeert Jan met kennis van zaken.

Een leeuw met stoelgangproblemen, tja, waarom niet? Niets menselijk is een dier vreemd... Na deze inspanning gaat hij fijn naast de dampende drollen zitten.

Op de camping zijn er heel wat kampeerders bijgekomen; het geeft een gezellig geroezemoes. Jan bakt, af toe een blik werpend op het water en de nijlpaarden, pannenkoeken en weer genieten we van een heerlijke Afrikaanse avond. Wanneer het al donker is komt er nog een auto met vier mannen de camping oprijden. Pff, in het donker rijden, dat kan geen makkelijk ritje zijn geweest. Er komt nog een auto de camping oprijden. Het wordt druk.
'Mag ik jullie permits zien. We komen controleren of iedereen wel binnen is,' klinkt het in het donker.
'Natuurlijk. Maar wat gaat u doen als mensen er niet zijn?' wil ik toch wel erg graag weten.
'*We will look for you*,' klinkt het heel geruststellend en dat vind ik direct een fijne gedachte.
'Mm, hoe willen ze dat in vredesnaam doen,' mompelt Jan, die meer pragmatisch is ingesteld.

We hebben hier vriendelijke leeuwen

Het rijden gaat Jan steeds makkelijker af, de wagen is meer dan perfect en volkomen berekend op zijn taak. Bij elke kilometer die we maken leren we de auto beter kennen, groeit ons zelfvertrouwen en durf ik ook wel achter het stuur. Ik rijd voorzichtig over de houten boomstammenbrug, laat het diepe water links liggen en volg het bordje Dry Route to Khwai -een bordje dat we enkele dagen geleden volledig hebben gemist- en melden ons netjes af bij het personeel van de North Gate, niet voordat Jan nog een kleine kudde van zo'n tien olifanten ontdekt.
De behulpzame man legt nog even de route uit naar onze volgende bestemming. Het is een lange rit van bijna 170 kilometer en weer geen snipper asfalt.
Nog maar amper de poort uit zie ik aan de rechterkant een bord staan: *welcome to Tsogang Batswana Khwai bakery fresh bread*. Om elk misverstand uit te sluiten staat er ook nog een tekening van een brood naast. Het loket staat open; hier moeten we naartoe en ik draai de auto.
'Heeft u echt vers brood?' vraag ik aan de vrouw die met haar handen in een klomp deeg zit.
De bakkerij is bijzonder sober ingericht, brandschoon en het ruikt er heerlijk.
'Jazeker, ik heb vers gebakken brood en koude cola,' antwoordt de bakster.
Ze haalt haar handen uit het deeg en zorgzaam stopt ze een brood in een plastic zakje. Ze ziet er netjes uit, met een groen schort om haar middel, een groen doekje over haar hoofd geknoopt en een hartelijke lach op haar gezicht.
Het brood is bijna te heet om aan te pakken en de cola is zo koud dat het pijn aan mijn handen doet. Hoppa, de

drankjes gaan in de koelkast en het hete brood wikkel ik zorgvuldig in het tafellaken en leg het brood op de achterbank. Met de lekkere geur van het versgebakken brood in de auto, rijden we door een minidorpje van houten huisjes, waar we zelfs nog een paar traditionele hutjes zien staan. In deze hutjes zijn bierflesjes en andere flesjes als decoratie in de ronde muren verwerkt. We maken foto's en genieten volop van dit Afrika.

We moeten links aanhouden; er loopt maar een weg die ons van het Moremi-park naar het Chobe-park, het andere park in de Okavango Delta, kan brengen. Het lijkt hier allemaal net wat duidelijker dan in Moremi, of wennen we misschien aan deze manier van reizen in Afrika?

We zijn op weg naar de Savuti Campsite die in de Tsodilo Hills ligt. We laten het bordje dat naar de camping verwijst even links liggen en rijden door de grote zandbak verder naar het dorpje Mababe, waar we zowaar een paar picknicktafels bij een riviertje zien staan. Het dorpje is een verzameling van oude vervallen huisjes, enkele winkeltjes en een keurig uitziend blauw geschilderd overheidsgebouw. De jeugd hangt doelloos rond; de verveling is tastbaar in de auto. Het is een gat van niks.

Jan rijdt de metalen brug weer over en bij de picknicktafels genieten we van dikke plakken warm brood met smeerkaas. Wat kan iets simpels ongelofelijk lekker zijn.

Het is knetterheet, de dieren laten het afweten en met de airco op twee ploegt onze inmiddels zeer geliefde Hilux door de zandwegen, waar geen einde aan lijkt te komen. Ander verkeer is er amper en weer vertrouwen we erop dat aan het eind van deze weg de Mababe Gate is, waar we ons moeten melden voor de Paradise-plek op de Savuti-camping. We passeren weer een eenzame, oude

mannetjesolifant om even later vier olifanten rondom een boom te zien staan.
'Volgens mij ligt er een klein olifantje op de grond,' wijs ik naar een donkergrijze klodder tussen de poten van een van de olifanten.
De andere dieren staan in een boog om het dier heen.
'Dan is er iets met dat dier aan de hand,' reageert Jan en veert wat op om het beter te kunnen zien. 'Een olifant gaat niet zomaar liggen.'
Wanneer we tegen half drie bij de gate uit de auto stappen is het bloedheet; het moet wel tegen de veertig graden Celsius zijn. Een ranger zit achter zijn laptop naar een film te kijken, zijn stevige, vrouwelijke collega in een afgewassen groen uniform loopt met ons mee om de papieren in te vullen. Ook de permit wordt iedere keer zorgvuldig gecontroleerd. Men weet hier zo precies wie er in de parken rondrijdt.
'Wanneer je in het donker naar het toilet moet, adviseer ik je om met de auto te gaan,' zegt de vrouw.
'Ik zag een bordje staan dat verwijst naar Bushman-rotstekeningen. Zijn die de moeite waard?' vraag ik haar.
'Geen idee, ik heb ze nog nooit gezien,' antwoordt ze met een verrassende eerlijkheid. 'Je kunt ernaartoe klimmen.'
'Alle dieren lopen hier vrij rond, er is geen afrastering en er liggen drie leeuwen aan de linkerkant van de weg. Maar wees niet bang, we hebben hier vriendelijke leeuwen die de mensen met rust laten,' zegt een andere vriendelijke en bijzonder behulpzame ranger.
Ik denk dat hij een grapje maakt, maar een blik op zijn gezicht maakt me duidelijk dat hij bloedserieus is. Oké, duidelijk, nou ja, zolang we veilig in onze auto zitten maak ik me geen zorgen om leeuwen, of ze nu vriendelijk zijn of snode plannen hebben. Met vriendelijke of onvriendelijke leeuwen in de buurt vergaat ons de lust om

uit de auto te gaan om de Bushman-tekeningen te gaan bekijken.
Het is een mooi gebied met af en toe een baobabboom. Is er een eigenzinniger boom dan de baobabboom? De boom die God ondersteboven plantte, omdat zijn wortels mooier waren dan zijn takken. De bomen zitten vol in het jonge blad. Het is voorjaar in Botswana: de bossen, struiken en bomen hebben veelal knisperende, bruingekleurde bladeren, die eerder aan de herfst doen denken dan aan de lente. Veel dieren krijgen nu ook hun jongen.

Op de camping is het even zoeken naar de plek, maar ook hier weer een mooi royale plek met een weids uitzicht over de omgeving. Er is zelfs een klein, wat grappig winkeltje; een soort van tent met houten tentpalen waar een strak, groen kleed overheen is getrokken. Koude drankjes, toiletartikelen, wat blikjes en een jonge meid achter de toonbank. Jan koopt een heerlijk gekoeld biertje. Het nieuwe toiletgebouw is olifantenproof gebouwd; een smalle ingang en een solide cementen muur moeten de grote dieren, die we in het daglicht allemaal zo graag willen zien, tegenhouden. Onze kampeerplek is nogal een eind van het toiletgebouw af en geen haar op mijn hoofd die er aan denkt om hier in het donker naartoe te gaan.
De rivier ligt er uitgedroogd bij, het is wachten op de regen. We gaan nog een rondje rijden op zoek naar waterpoelen en modderplassen waar de olifanten het laatste water opslurven. Raak, olifanten snuffelen met hun slurven het laatste water uit de modder en samen met het zand worden hun lichamen royaal bestrooid met deze mix. Ook hun intieme lichaamsdelen ontsnappen niet aan een schoonmaakbeurt van zand en modderwater. De meeste olifanten zien er opvallend ongehavend uit met gave slagtanden. Het kijken naar olifanten verveelt nooit.

Overstekende olifanten

'*H*ebben jullie dit te leen voor mij?' vraagt de forse buurman die in zijn onderbroek aan komt lopen en laat een tekening van een trechter zien.
Gelukkig heeft hij nog wel de moeite genomen om een T-shirt aan te trekken.
'Sorry, mijn Engels is niet zo goed, ik kom uit Tsjechië. We moeten benzine overhevelen, we hebben zo'n ding nodig maar ik weet niet hoe het in het Engels heet.'
Met een paardenstaart op zijn rug, een sieraad in zijn ene oorlel en zijn schaarse kleding oogt hij niet als een doorsnee safariganger. Jan kan hem helpen met een slang die we even later met een vette benzinelucht weer terugkrijgen. Zo vroeg op de morgen én op een nuchtere maag is het ook geen woord dat ons zo maar een-twee-drie te binnen wil schieten.*

'De weg naar de Linyanti Campground is goed hoor,' zegt de ranger.
Mm, het is maar wat je goed noemt, denk ik als we niet veel later over de dikst mogelijke rillen rijden. De auto zwemt als het ware over het zand, Jan stuurt alleen wat bij en de onverwoestbare Hilux ploegt moeiteloos door deze zandbak.
'Volgens mij gebruik ik nog niet de helft van wat deze auto allemaal kan,' zegt Jan en kijkt bewonderend naar deze brok techniek.
Een buffelechtpaar staat midden op de weg het laatste water uit een modderplas te likken. Zo vroeg op de ochtend hebben ze geen haast en nemen de tijd voor hun ontbijt.

*in het Engels is een trechter een *funnel*

Olifanten blijven ons pad kruisen en zijn dan ook zomaar weer verdwenen in de bosjes. Daar kan ik me over blijven verbazen, hoe ongelofelijk snel deze grote en logge dieren kunnen verdwijnen. Chobe maakt zijn reputatie dubbel en dwars waard; aan olifanten geen gebrek.
We arriveren vroeg op de camping; de meeste mensen komen vaak later en soms zelfs in het donker aan. Nee hoor, je zult maar een lekke band in het donker krijgen of echt hopeloos verdwalen. We nemen geen risico. Wij vinden het prettig om op tijd te zijn, te douchen en te koken voordat het donker wordt. Vaak zijn de toiletgebouwen een eindje van de kampeerplekken af en zo gauw het donker wordt, lopen we niet graag meer rond.

Het kantoortje van de camping is een bescheiden, houten barakje waar een bijzonder enthousiaste jongeman ons begroet. Zijn zwarte T-shirt zit onder de witte zweetvlekken en de groene broek is in een ver verleden ooit een mooie, nieuwe broek geweest. Hij begroet ons als zijn wij dé gasten van de week; hij is oprecht blij met onze komst. Tegen zoveel enthousiasme zijn we niet bestand en begroeten hem net zo vrolijk terug.
'Het kleine toiletgebouw is niet meer te gebruiken. We hebben nu een nieuw gebouw.'
Het ziet er allemaal weer netjes uit, herenafdeling, damesafdeling en in het midden van het gebouw een ruimte voor *couples*; die kenden we nog niet.
Op CL1 klappen we de spullen uit. Weer een wereldstekkie, met braai, een soort van aanrechtblok en een magnifiek uitzicht over de rivier. Glanzende nijlpaardruggen komen boven het water uit om snel weer te verdwijnen, krokodillen laten zich soms zien en kleine vogels en eekhoorntjes loeren met argusogen op alles wat wij misschien laten vallen, zodat zij het sneller op kunnen

pakken dan wij dat kunnen. Het grote wild is om erg veel van te genieten, het kleine wild is om je erg veel aan te ergeren...

Zo tegen vier uur is de ergste hitte voorbij, en zoeken de dieren het water op en zoeken wij de dieren op.

'Moet je daar eens kijken,' wijs ik naar links waar een giraffe op zijn kont zit.

Dit hebben we nog nooit eerder gezien. Een giraffe vindt het al lastig om door de knieën te gaan om te drinken, laat staan om te gaan zitten. Het dier is dan erg kwetsbaar omdat het niet weer snel in de poten kan komen. Maar een zittende giraffe, dat is toch wel erg bijzonder. Het lukt Jan om er een mooie foto van te maken.

De olifanten trekken naar het water van de Linyanti-rivier en wij staan hun hierbij vreselijk in de weg. De eerste dieren en hun kinderen zijn het pad net overgestoken als wij er aan komen rijden. We storen de kudde. Daar houden olifanten niet van en eerlijk gezegd wij ook niet. Een grote olifant komt dreigend op ons af, Jan rijdt snel achteruit, de linkerbuitenspiegel raakt een tak, klapt dubbel en ineens vind ik erg veel olifanten tegelijk toch niet meer zo leuk. De wegen zijn net breed genoeg voor één auto; draaien op de weg is er niet zo snel bij. Jan rijdt, schakelt, draait voorzichtig -achter ons staan ook olifanten- en dan staan we gelukkig met de auto de goede kant uit om snel weg te kunnen. De dieren zijn ontzettend beschermend naar de baby's in de groep en als er dan een auto flink in de weg staat, heeft de auto een probleem, de olifant niet. Een olifant wappert met zijn grote oren, neemt een paar dreigende stappen richting onze auto voordat hij ineens besluit om te stoppen. Pfff. We wachten gespannen totdat alle dieren vertrokken zijn, zuchten eens diep en zitten direct weer wat meer ontspannen in de auto. Allemachtig, wat kan er een dreiging van deze

dieren uitgaan. Jan draait de auto nog een keer; we gaan terug naar de camping. Dat is een kortere weg dan deze *loop* helemaal af te maken.
'Ik wil toch nog graag even bij de rivier kijken,' zegt Jan en stopt de auto op respectabele afstand van het water.
Tientallen olifanten staan met elkaar te lebberen in het water, strooien zand rond alsof het allemaal niets kost, badderen hun logge lijven en weten vast allemaal dat wij naar hun staan te kijken. Zo beschut in de auto, met de dieren op prettige afstand gaat er geen dreiging meer uit van de olifanten en is het een ronduit machtig gezicht om zoveel dikhuiden in hun natuurlijke omgeving te zien.
Toch ben ik blij wanneer we even later weer veilig op de camping zijn, waar we een Duits echtpaar als naaste buren hebben gekregen.
'Weet jij hoe de motorkap open moet?' komt de Duitse buurman aan Jan vragen. 'De koelkast doet het niet.'
Mm, als je zelfs niet weet hoe de motorkap open moet... heb ik weinig hoop voor je koelkast, denk ik stiekem.
Jan en de buurman prutsen een hele tijd, maar het lukt niet om de koelkast weer aan de praat te krijgen. Zowel zij als wij zijn blij met buren, helemaal alleen vind ik gewoon niet prettig, hoewel ik me helemaal happy en veilig voel in de daktent.
Een groot door de zon gebleekt olifantenbot, dat ter decoratie tegen een dikke boom is neergezet, doet prettig dienst als voetensteun, terwijl ik mijn aantekeningen aan het bijwerken ben.
De zon gaat in spectaculaire kleuren onder, de aarde kleurt rood en de lucht begint te betrekken. De vogels zijn ineens doodstil, lichtflitsen knallen als vuurpijlen door de lucht en het begint te regenen. De temperatuur daalt ineens behoorlijk. Het was vandaag volgens onze

Duitse buurman ruim veertig graden. Daar kunnen best een paar graden vanaf.
We ruimen alles snel op en gaan naar bed. Terwijl om ons heen de wind de bomen doet kreunen, piepen en kraken, lig ik heerlijk onder mijn dekbedje in de daktent. Het geluid van een trompetterende olifant en briesende nijlpaarden weten de wind te overstemmen. De tent kraakt, maar houdt zich geweldig. Met een harde klap waait de metalen braai om.

Onder de apenboom

*H*opla, en daar gaat de zak met crackers. Een hondsbrutaal ververtaapje is sneller dan ik. Voordat ik kan reageren zit het kleine rotkreng al hoog en droog in de boom, crackers, papiersnippers en stukjes plastic om zich heen strooiend. Rotbeest. Gelukkig heb ik nog een pak crackers. Ik had op deze camping geen enkele aap gezien en er helemaal geen rekening mee gehouden dat ze hier ergens waren.

De weg naar Ihaha Campsite is weer van het betere ploeg- en zwoegzand. De auto neemt alle hobbels met twee vingers in de neus en Jan vindt dit autorijden helemaal top. De weg is geplaveid met de zo herkenbare olifantendrollen in diverse stadia van versheid. Olifanten poepen allemaal in de vorm van dobbelstenen, maar dan vele malen groter.
Regelmatig steken hele families olifanten over. De baby's en pubers altijd beschermd door de oudere olifanten. Wanneer de grote en laatste olifant aansluit, kun je er over het algemeen van uitgaan dat iedereen de overkant heeft bereikt en kun je ongestoord verder rijden. Zebra's liggen gezellig met zijn vieren op een kluitje midden op de weg en kiezen schielijk het hazenpad als ze ons aan horen komen.
'Wat is dat toch?' vraagt Jan zich af en leunt naar voren om het beter te kunnen zien.
We schieten beiden tegelijk hardop in de lach. Uit een groot gat in de weg steekt een wrattenzwijn zijn kop, hij springt in de poten en gaat er als een speer vandoor. Zijn staart als een zwiepende antenne hoog in de lucht. Het is duidelijk dat hij geschrokken is van onze auto.

Kleine, witte, lelieachtige bloemen groeien aan de kant van de weg, sommige hebben hun wortels lekker tegen zo'n dikke olifantendrol aan liggen: twee uitersten hebben elkaar gevonden. Deze grondlelies zorgen voor een lieflijke onderbreking in dit rauwe en harde land. We komen geen enkele auto tegen en voelen ons alleen op deze wereld.

In Kachikau is het ineens afgelopen met al het zand en rijden we zomaar op mooi, glad, zwart asfalt. Jan zet de 4x4 terug naar 2x2. Voor even terug in de beschaafde wereld, waar we direct stoppen bij een Craft-shop.

Een grote vrouw met een indrukwekkende boezem staat achter de toonbank. In haar handen houdt ze een grote beker thee, die wit ziet van de melk.

'Komen alle souvenirs uit Botswana?' vraag ik.

'Jazaker, behalve dat, dat komt uit Zimbabwe,' wijst ze nonchalant naar een plank aan de muur.

Ik koop een paar oorhangers, nu nog op zoek naar brood. Ondanks veel aanwijzingen vinden we de bakker in het kleine dorpje niet. Even later hebben we meer geluk in het plaatsje Kavimba, waar ik een vers, gesneden brood en water kan kopen.

De olifanten reizen met ons mee; het is overduidelijk dat deze dieren tot aan en in de dorpen komen. Veel drollen en zwaar gehavende bomen zijn hier het bewijs van. Baobabbomen zijn hier volop aanwezig, de weg is gloednieuw met picknickplaatsen en spiksplinternieuwe bushaltes waar geen bus te zien is.

Bij de Ngoma Gate melden we ons weer en rijden nu naar onze laatste camping van deze parken. De weg langs de Chobe-rivier behoort tot een van de mooiste routes in Botswana en is tevens de grens tussen Botswana en Namibië. In een houten *mokoro* zitten een paar jongens te vissen, deze houten kano-achtige boten worden door de

mensen zelf gemaakt, zijn wankel en daardoor een makkelijk doelwit voor nijlpaarden. In het buurland Namibië lopen honderden koeien.
'Wat veel gieren! Daar moet een dood dier liggen,' merkt Jan op.
Ik pak de verrekijker erbij en zie al snel talloze grote gieren de resten van wat ooit een olifant is geweest uit elkaar trekken en smakelijk oppeuzelen. Een paar afgebroken slagtanden staan doelloos in de kop van het dode dier. Eten of gegeten worden; de natuur is hard, duidelijk en heeft zijn eigen regels. Iedereen heeft het altijd over de vele olifanten in dit deel van Chobe... behalve de dode olifant, laat geen enkele dikhuid zich zien.
Het rijden langs de rivier is prachtig, de weg is redelijk en de verten eindeloos. We zijn de enigen die hier rondrijden: de natuur staat stil.

De Ihaha Campsite heeft ook weer grote plekken en veel lastige en opmerkelijk lawaaierige bavianen en zijn zo ongewild een compensatie voor het gebrek aan olifanten. Onder de ene boom ligt een grote, zeer herkenbare schedel van een buffelkop. Het is weer een handig voetenbankje voor mij...
Hoe we ook ons best doen, de apen laten zich niet wegjagen. Natuurlijk hebben ze hier groot gelijk in, dit is hun wereld. Apen doen precies wat ze zelf willen en wat ze overduidelijk willen is met zijn allen de boom in. Laat dat nou net die andere grote boom zijn die op onze plek staat. De ene aap na de andere vliegt de boom in en zoekt een slaapplek voor de nacht. Dit ritueel gaat met bijzonder veel gegil, gekrijs en ruziemaken gepaard.
'Nu snap ik het waarom ze zich niet weg laten jagen. Dit is hun slaapboom,' komt Jan ineens met de oplossing.

We leren elke dag wel iets bij, ruimen alles op, zorgen ervoor dat er niets buiten blijft staan en gaan lopend naar het toiletgebouw.

Twee rangers, in een auto, controleren ook hier of iedereen wel veilig op zijn toegewezen plek staat.

'Waar staan jullie precies?' vraagt de ene man, met een bezorgde blik op zijn gezicht.

Jan vertelt ons apenverhaal en dat vindt de man reden genoeg om ons te laten verkassen naar een andere plek. Ook dat we hier zo rondlopen vindt hij duidelijk niks; ik ineens ook niet meer.

'De apen poepen en piesen de hele nacht. Jullie tent en auto zal er helemaal onder komen te zitten en dat is niet goed. We zullen wachten tot jullie klaar zijn en dan brengen we jullie in de auto terug,' zegt de man zorgzaam.

Even later stappen we achter in de auto en laten ons terugrijden. De ranger bekijkt kritisch onze plek en vindt dat we ver genoeg van de apenboom vandaan staan en we mogen hier toch blijven. Hij weet de spanning wel op te voeren.

'Ik wil jullie wel aanraden om hier morgenvroeg niet te ontbijten. Zoek het gezelschap van anderen op of kom bij de poort ontbijten. Deze dieren zijn ongelofelijk slim en zullen jullie tegen elkaar uitspelen. Wanneer je met meerdere mensen bent, druipen ze snel af,' doet hij er nog een schepje bovenop.

Apen en mensen gaan naar bed, maar niet voordat we hebben genoten van een spectaculaire zonsondergang. Een perfect ronde zon weet door de wolken heen te breken, tovert ongekend mooie rode kleuren tevoorschijn om daarna traag aan de horizon te verdwijnen. De bavianen interesseert het geen ene moer. Die hebben het veel te druk met krijsen, schelden en ruziemaken.

Terug in de bewoonde wereld

*D*it deel van Chobe staat bekend om zijn olifanten... waarvan wij er in totaal twee te zien krijgen en die twee zijn al heel lang, heel erg dood. Twee half opgevreten olifanten, die samen misschien net één olifant kunnen vormen.
De omgeving is vergeven van impala's, luidruchtige nijlpaarden in het water, boos kijkende waterbuffels, een paar wrattenzwijnen, maar levende olifanten... Door de zon gebleekte olifantenbotten liggen als grote jigsaw puzzels op de grond, te wachten op reuzenhanden die er weer één geheel van zullen maken. Naakte schedels van buffels, direct te herkennen aan hun typische hoorns, duiken met enige regelmaat op. Impala na impala springen door ons beeld. Een stuk uiteengereten olifantenhuid ligt nutteloos op de grond. Safariwagens zijn gevuld met gasten uit de omliggende lodges. De mensen zitten, bijna allemaal met strakke gezichten, diep weggedoken onder een regencape; het miezert een beetje. We komen veel tegen, maar dat wat we zo graag willen zien laat het afweten. De boodschap is duidelijk: het wordt de hoogste tijd om de mensenwereld weer op te zoeken.

Alle luxe die de stad Kasane ons heeft te bieden wacht op ons. Elise van Explore Namibia, heeft één nacht voor ons geboekt in de Chobe Safari Lodge. Zodra we binnen lopen zijn we verkocht en boeken, zonder dat we onze kamer hebben gezien, er direct nog een nachtje bij.
'Geen probleem, maar dat wordt dan wel een andere kamer,' zegt de receptioniste en dat vinden wij dan weer geen probleem.
We gaan in het mooie restaurant zitten, kijken genietend om ons heen, bestellen een welverdiende cappuccino,

Wi-Fi beweegt onzichtbaar door de lucht en onze telefoons beginnen te zoemen en te trillen: we zijn terug in de beschaafde wereld. Vrienden en familie zijn blij om eindelijk weer iets van ons te horen.

De kamer is helemaal top, ruim en royaal met twee uitnodigende bedden, een gezellig zitje, koffie en thee, een badkamer met lekker geurende tubes, wollige handdoeken, een warme douche en een balkon met uitzicht. Ook hier kunnen we niets buiten laten staan, of de apen weten het te vinden. Zo gauw het donker wordt, is het niet meer verstandig om de tuin in te gaan. Nijlpaarden en krokodillen willen nogal eens een wandelingetje maken in de hoteltuin.

Van een Afrikareiziger krijgen we de tip om in de Old House te gaan eten. Kasane is niet erg groot en het restaurant is dan al snel gevonden. We genieten van heerlijke broodjes en koude drankjes in een aangename sfeer; na al die dagen in de bush is het fijn om in een mooi restaurant te zitten.

Kasane dankt zijn bestaansrecht aan al die reizigers die naar Chobe willen. Hier is alles te koop en te regelen wat een reiziger zich maar kan wensen. Kasane is daardoor een belangrijke plaats, op steenworp afstand van Namibië, Zambia, Zimbabwe en niet te vergeten de Victoria-watervallen.

We tanken de auto weer vol; er gaat bijna honderd liter diesel in. Een hoeveelheid die wij met onze Panda thuis niet zijn gewend. De literprijs is iets uit een grijs verleden. Op loopafstand van de Chobe Lodge is een klein winkelcentrum; we doen wat inkopen bij de grote supermarkt Choppies, waar werkelijk alles te koop is.

Vanaf ons balkon, met uitzicht op de Chobe-rivier kan ik de belevenissen van de afgelopen tijd nog eens door mijn hoofd en vingers laten glijden. Een rustig grazend wrattenzwijn maait ondertussen met zijn tanden het hotelgras kort en klein. Het onzichtbare hotelpersoneel heeft alles wat wij vuil hebben gemaakt alweer opgeruimd. We nemen nog een rooibosthee, zetten de stoelen op het balkon en voelen ons zeer bevoorrecht.

Het nijlpaard en de liefde

*E*r lijken voor veel Afrikareizigers, wanneer zij hun kleding voor een safari uitzoeken, maar twee soorten kleuren te bestaan om uit te kiezen: legergroen en kakibruin. Het liefst kleding met veel ritsen, klepjes en zakjes; saaiheid is troef, functionaliteit staat voorop. Intimiderende kleding. Veel echtparen gaan graag hetzelfde gekleed, een handig en nuttig fleecejasje voor die ene kille avond, stoere schoenen en natuurlijk altijd een verantwoord petje of hoedje op het hoofd.

Worden wilde dieren angstig van vrolijke kleding, een beetje make-up, mooie sandalen, oorringen of een hippe zonnebril? Gaat een leeuw op de loop wanneer ie een bloemetjesjurk ziet? Breekt een olifant het zweet uit als er een toerist in een zonnig jurkje in de auto zit? Durft een nijlpaard niet uit het water te komen als de inzittenden van de auto kleurige, zomerse kleding aanhebben? Laten bavianen toeristen in saaie kleren met rust? Ik val op in mijn jurkje en voel me er helemaal senang bij.

Terwijl de meeste toeristen luchtig gekleed gaan met shirtjes en bloesjes met korte mouwen, loopt het personeel in een warm fleecevest rond. Warmte is blijkbaar een relatief begrip. Aan personeel in Afrika geen gebrek en zo gauw het laatste stukje van je ontbijtbordje is verdwenen staat er al een vriendelijke dame naast je tafeltje om je bord op te halen.

'*Finished*?' vraagt ze.

Ik knik met mijn mond vol.

Jan gaat vissen en moet zich op tijd, mét zijn paspoort, melden bij de steiger; al varend kan de boot in Namibische wateren komen. Hij heeft er duidelijk zin in. Ik zwaai hem uit en loop door naar het internetcafé.

'*Not working,*' zegt het meisje op een verontschuldigende toon.

Ook in het hotel werkt het gewone internet niet, maar de hotspot waar de toeristen met hun telefoons gebruik van maken werkt uitstekend. Jan zal uren wegblijven, dus ik heb uren de tijd om een behoorlijk blog op mijn telefoon te prutsen. Het personeel doet zijn werk, ik zit heerlijk buiten, toeristen komen en gaan, boten varen voorbij en ik geniet van een heerlijke ochtend. Ik bestel nog maar een cappuccino, voordat ik een tweede poging waag bij het internetcafé, waar de computers nog geen sjoege geven. Ik loop door naar Choppies; boodschappen doen in Afrika is leuk. Er is ongelofelijk veel te koop, grote bulkzakken met rijst en pasta, maar ook vers brood, vlees, oploscappuccino, alle denkbare toiletartikelen, yoghurt, brandhout, potten en pannen en versgebakken patat. Ook is een supermarkt een plaats van gezelligheid, om elkaar te ontmoeten, om even bij te kletsen of om de tijd te doden. Er slenteren altijd veel mensen rond die tussen de werkzaamheden van het personeel door gezellig met het personeel aan het bijpraten zijn. Het gesprek wordt onderbroken als een klant zich meldt. De klant wordt op zijn wenken bediend, hoeft zelf geen fruit of groente af te wegen, want daar staat iemand voor. Mijn twee bananen krijg ik keurig afgewogen en voorzien van een prijssticker in een zakje mee.
Zo tegen de kerst kan men met de kassabon een auto winnen. Nadat de beveiliging mijn kassabon heeft goedgekeurd, geef ik de bon aan de vrouw achter mij.
'Mocht je de auto winnen met mijn bon, denk dan een keer aan mij,' lach ik naar haar.
'*I will pray for you,*' lacht ze terug en zo is zelfs een paar bananen kopen in Afrika een aangename bezigheid.

Ik loop terug naar de lodge, waar Jan ook net aan komt lopen met een lach van oor tot oor.
'Ik heb een meerval van zestien kilo gevangen. Zelfs de schipper was verbaasd over deze vangst. Enkele passerende dames in de boottaxi waren dolblij met mijn vangst. Vanavond zullen een aantal mensen een heerlijke maaltijd hebben,' vertelt Jan enthousiast.

Het water van de Chobe voedt veel mensen, trekt veel toeristen aan, maar kost ook veel mensenlevens. Vooral de houten mokorobootjes zijn een gemakkelijk doelwit. Een nijlpaard kiepert een dergelijk bootje snel om en wat er dan met de inzittenden kan gebeuren laat zich raden.
De boot waarmee wij de rivier opgaan is van het degelijke werk. Het is een grote boot met geriefelijke stoelen, toiletten en zelfs een bar, waar allerlei drankjes gekocht kunnen worden. Als echte Nederlanders hebben wij een tas met wat te eten en te drinken meegenomen. Tien toeristen, vijf bemanningsleden, waaronder een stoerkijkende kapitein met een donkere zonnebril en een dikke ijsmuts op.
Uren laten we ons meevoeren over deze waterweg; we varen van Namibië naar Botswana en weer terug. Krokodillen komen boven dobberen, verdwijnen weer of liggen, zo op het eerste oog doodstil, op de oevers en worden regelmatig voor een boomstam aangezien. Als het hout beweegt, weten we pas dat het een krokodil is. Nijlpaarden krommen hun ruggen, tillen hun indrukwekkende grote koppen op, draaien hun dopogen alle kanten uit, happen naar lucht en zijn razendsnel weer verdwenen. Zo tegen het eind van de middag klauteren ook veel nijlpaarden de wal op om het gras kort te grazen en de magen vol te eten. Buffels lopen er doorheen en hebben een niet al te snuggere uitstraling Een ijsvogel zit

als geboetseerd op een tak, zich ten volle bewust van zijn schoonheid en laat zich als een mannequin aan alle kanten fotograferen. De gids is enthousiast en strooit het ene na het nadere feitje en weetje over deze dierenwereld over ons uit.
'Dat zijn Egyptische ganzen,' wijst de man naar de kant.
'Weet je waarom die zo heten?' gaat hij verder.
'Nee, dat weten we niet,' zeggen we een beetje schuldig, als leerlingen die hun huiswerk niet hebben gemaakt en de leraar teleurstellen.
'In de graftombes van de farao's in Egypte heeft men dergelijke kleuren aangetroffen; kleuren die deze ganzen ook hebben. Vandaar deze naam.'
Ik heb geen enkele reden om hieraan te twijfelen. De man is niet te stuiten en gaat enthousiast verder.
Tussen de talloze impala's lopen ook een paar puku's rond. Een hertachtig dier met een effen, reebruine kleur. Bij de puku's zijn de voorpoten korter dan de achterpoten. De gids legt wel uit waarom, maar dat krijg ik niet helemaal mee. Gelukkig heeft het geen invloed op het bewonderen van dit sierlijk dier. We hadden ze al eerder gezien, nu weten we ook de naam.

'Zo bedrijven de nijlpaarden de liefde onder water. Omdat ze korte poten hebben kan dat niet op het land. Hun baby's worden wel op het land geboren,' vertelt de gids enthousiast.
Wat het een nu precies met het ander heeft te maken ontgaat mij volkomen. Dus verliefde nijlpaarden die hun liefde naar een hoger plan willen tillen, plonsen lekker samen het water in.
'Natuurlijk,' knik ik, alsof ik alles weet van het liefdesleven van nijlpaarden en mijn fantasie gaat onmiddellijk met mij op de loop.

'Zie je dat? Kijk eens wat een klein nijlpaardje. Daar,' wijst Jan enthousiast naar de wal.
Wat een scheetje! Nooit eerder zagen we zo'n hummeltje. Lopen gaat nog niet echt lekker, hij valt regelmatig van zijn mollige pootjes en kukelt ook nog in een kuil in het gras, waar hij met de nodige moeite weer uit weet te komen. Niks wennen in een peuterklasje, hoppa direct de grote dierenwereld in. De verliefdheid van mama nijlpaard heeft een prachtige baby opgeleverd. Mama blijft zorgzaam om haar baby heen scharrelen. De boot vaart zo dicht bij de wal als verantwoordelijk is.
'Volgens mij is het echt nog een baby, nog maar net geboren,' merkt de gids, met kennis van zaken op.
Hij weet zulke dingen. Gezien het grote aantal nijlpaarden dat we zien, werpt een liefdesleven onder water duidelijk zijn vruchten af.

Op weg naar Maun

In Moremi

Bij de hoofdingang van het Moremi Game Reserve

In de buurt van de Khwai-camping

In Moremi

De grondlelie in Moremi

De neushoorn- of bananenvogel

In de Chobe-rivier

Onderweg van het Moremi Game Reserve naar het Chobe National Park

Ontmoeting in Kasane

In Grootfontein

In Etosha

Op de Okaukuejo-camping in Etosha

Rietfontein, Etosha

Terug in Namibië

Met een akelig scheurend geluid wordt het afdekkleed van de tent aan flarden gereten.
'De daktent,' roepen we beiden tegelijk en beiden te laat.
Jan rijdt de auto onmiddellijk, heel voorzichtig, weer achteruit; maar het is te laat. Geen moment hebben we gedacht aan de daktent boven op de auto.
Achter het Shel-station in Kasane is een warme bakker en voor de warme bakker zijn een aantal parkeerplaatsen met een zonnedak... Maar het zonnedak is lager dan de auto hoog is. Nu hangen de repen stof troosteloos over de auto en het trapje is helemaal los van de tent. Wat balen. Jan prutst alles zo goed mogelijk aan elkaar en kijkt speurend rond.
'Hebbes,' en hij pakt een stukje ijzerdraad van de grond.
Dat is dan weer een voordeel van reizen in Afrika, er ligt altijd wel iets. Jan kan zo de eerste schade een beetje herstellen. Ik ga toch maar bij de bakker naar binnen, koop brood en warme bolletjes, die later oliebollen blijken te zijn.
Bij een Zeemanachtige winkel in de stad kopen we een groot, stevig touw en knopen alles vast.
'Ik probeer in Namibië wel duct tape te kopen. Daarmee kan ik alles wel weer behoorlijk dicht krijgen. Zolang het niet regent, krijgen we geen problemen,' zegt Jan.
Ik ben vooral blij dat de schade beperkt is gebleven en dat we een goede all-riskverzekering hebben afgesloten toen we deze auto ophaalden.

Het is bijna zestig kilometer van Kasane naar de grens met Namibië. Voordat we definitief afscheid nemen van Botswana, klappen we nog één keer de stoeltjes uit, maken koffie en eten de verse oliebollen op.

De formaliteiten aan beide kanten verlopen snel en professioneel. Voordat we Botswana uit mogen, moeten we eerst langs een knappe verpleegkundige.
'Ik moet je temperatuur meten voordat jullie verder kunnen; dit is in verband met ebola,' zegt ze met een ontwapende lach op haar gezicht.
Onze gezondheid wordt goed bevonden, we krijgen een voorgedrukt papiertje mee als bewijs dat we geen koorts hebben en mogen dan doorlopen naar de douane.

De weg naar Katimo Mulilo bestaat uit perfect asfalt en voert dwars door het Namibische dorpsleven. Kleine hutjes en huisjes, vaak afgebakend met een rieten omheining, vormen samen een woongemeenschap. Overal zien we huisjes met een compleet nieuw of gedeeltelijk gerestaureerd dak. Het ziet er vaak erg netjes en verzorgd uit.Veel lopende mensen langs de kant van de weg en fietsers. Ik kan me niet herinneren dat ik ooit eerder in Namibië zo veel fietsers heb gezien. Mannen, vrouwen en kinderen fietsen voorbij, de een op een oud barrel, de ander op een moderne mountainbike. Er zijn geen speciale fietsverkeersregels, zoveel is wel duidelijk. Men fietst zowel links als rechts van de weg, tegen het verkeer in of met het verkeer mee. Het geeft een extra dimensie aan het autorijden. Koeien, met de bekende gele oormerken, sloffen over de weg, kleine kinderen, zonder begeleiding, huppelen langs de weg. Links en rechts wijzen bordjes naar onzichtbare scholen in de bosjes. Gezien het grote aantal kinderen dat ik hier zie lopen, vermoed ik dat de grote zomervakantie al is begonnen. December is namelijk dé zomermaand in dit deel van de wereld.
Regelmatig passeren we een nette picknickplaats, steevast voorzien van een stenen tafel met twee stenen banken, altijd in een helderblauwe en witte kleur geschilderd.

Afrika en Namibië op zijn best, we zitten super te genieten van dit prachtige land.

Ineens een controle, we stoppen en moeten uit de auto, over een matje doordrenkt met ongetwijfeld een doodeng goedje lopen. De banden van de auto worden besproeid; dit allemaal om het overbrengen van mond- en klauwzeer te voorkomen.

De Caprivistrip, die vanuit Namibië als een rare, dikke vinger in Botswana prikt, is een heel ander deel van Namibië dan de rest. In 2013 heeft de Namibische regering de naam van de Caprivistrook veranderd in Zambezi Region. De naam Caprivi, genoemd naar rijkskanselier Leo von Caprivi, deed te veel aan de Duitse koloniale overheersing denken; de tijd was rijp voor een andere naam.

De sfeer is anders, de mensen en de bebouwing zijn anders. De mensen zijn groter, de huidskleur is donkerder en met name de vrouwen gaan traditioneler gekleed. Veel vrouwen dragen felgekleurde omslagrokken, baby's op de rug of, heel typisch, half op de heup. Vooral de hele kleintjes worden meestal zo gedragen. Wanneer de kinderen groter zijn, 'hangt' het blijkbaar op de rug wat makkelijker.

Grote plastic bakken vol met water, gevuld bij de gemeenschappelijke kraan, worden schijnbaar moeiteloos op het hoofd naar huis gelopen.

In 2003 zijn we vrij snel over deze weg gereden omdat, er kort daarvoor schermutselingen met de omliggende landen waren geweest. Regelmatig werden we toen, altijd vriendelijk dat wel, door de politie aangehouden voor vage controles. Doordat Angola, Zambia en Botswana tegen deze rare landtong aanschurken, voelt het gewoon anders, maar bijzonder aangenaam aan. Grensstreken zijn per definitie vaak anders. Dat hier veel mensen wonen, merken we wanneer we bij een van de picknickplaatsen stoppen. Er komt direct een aantal kinderen aanlopen. We zijn duidelijk een welkome onderbreking in hun dagelijkse leven en alles wat wij doen wordt met grote interesse gevolgd. Aarzelend krijgen we in keurig Engels antwoorden op onze vragen. Een klein meisje vindt alles toch wel wat eng en begint te huilen. De kinderen zien er smoezelig, slordig maar gezond uit.

De uitgezochte camping kunnen we niet vinden en we besluiten om de eerste de beste aanwijzing naar een lodge met kampeermogelijkheden in te rijden en komen zo terecht bij de Mazambala Island Lodge, op vier kilometer afstand van de doorgaande weg.

Zo gauw Jan stopt, komt er een jonge man aanlopen.

'Hallo, ik ben John en ik beheer deze camping,' stelt hij zich voor.

We rijden door naar de lodge, waar we hartelijk door de eigenaar worden ontvangen. John had via de radio onze komst al aangekondigd. Een bandje om zijn linker pols van de Zuid-Afrikaanse Springbokken verraadt dat hij een fan is en als ik zo naar zijn forse postuur en uitstraling kijk, vermoed ik dat hij zelf ook uit Zuid-Afrika komt.

Mazambala betekent 'eiland van verlatenheid', een oase in de natuur, bekend om zijn onbedorven schoonheid. Het eiland ligt in de Kwando-rivier, ongeveer vier kilometer ten westen van Kongola.

'We hebben hier zelfs de Big Five,' zegt de man niet zonder trots. 'Ik pacht dit gebied voor onbepaalde tijd van de chief,' gaat hij verder,

Wie de chief is, wordt niet duidelijk.

Een twintigtal huisjes, een openluchtrestaurant een groot houten terras met een eindeloos uitzicht, een zwembad en

lekkere vers gezette koffie. Er worden gamedrives aangeboden, boottochten en wandelingen.
Ongelofelijk, zelfs op deze plek dwarrelt het onzichtbare Wi-Fi door de lucht. Jan gaat met de verrekijker op pad en scoort de ene na de andere vogel. Vleermuizen, formaat mannenhand, hangen als rijpe vijgen in de bomen. Vissen zwemmen losbandig in het water rond, wij kunnen het water in het zwembadje niet weerstaan en koelen onze verhitte lijven heerlijk af.
Zodra het donker wordt, komen de *terrible ten* tevoorschijn: torren en mestkevers zo groot als muizen, insecten met angstaanjagende grote vleugels en veel niet thuis te brengen insecten storten zich massaal op onze lamp. Torretjes, muggen, gefriemel, gefrommel en geflapper komen zó massaal tevoorschijn dat we nog vroeger naar bed gaan dan anders.

Op de Caprivistrip

'Wat loopt daar toch op de weg? Het lijken wel honden. Zouden dat nu de bekende wilde honden van Namibië zijn?' vraagt Jan zich hardop af.
Ik zit ook al te turen en te kijken en buig wat verder naar voren.
'Misschien zijn het wel van die civet...,' en verder kom ik niet.
'Het zijn cheeta's, babycheeta's,' roept Jan enthousiast en verhip hij heeft helemaal gelijk.
Wel vijf kleine cheeta's dartelen als ondeugende puppy's, die even aan de aandacht van mama zijn ontsnapt, over het asfalt en stuiven in paniek weg als Jan plotseling de auto stopt. Enkele schieten naar links, maar eentje is helemaal confuus en rent naar rechts. In de linkerberm zie ik mama cheeta in de bosjes verdwijnen. Ik hoop wel dat ze zich realiseert dat er eentje in blinde paniek de verkeerde kant is uit gestormd.
'Volgens mij kunnen cheeta's niet tellen,' zegt Jan lichtelijk bezorgd.
Ik denk dat ma cheeta echt wel weet hoeveel baby's ze op de wereld heeft gezet.
De weg gaat verder, woonkralen komen en gaan. Mensen lopen naar hun bestemming, moeders dragen hun kinderen veilig op het lijf. Intens witte wolken contrasteren met de smurfenblauwe hemel en ver aan de einder valt de eerste regen. Door in november en december te reizen, reizen we ook door het regenseizoen dat in dit deel van Afrika van november tot april gaat. Mens en dier snakken naar regen, hoewel ik het hier nog allemaal opmerkelijk groen vind.

Goede herinneringen aan Ngepi Camp brengen ons nu voor de tweede keer naar deze sfeervolle en gezellige camping aan de Okavango-rivier. De omgekeerde mokoro's liggen er nog precies zo bij als ik me kan herinneren, een gezellige wat rommelige bar, Wi-Fi zweeft door de lucht en een Duits echtpaar, op het punt om verder te reizen, geeft ons de tip om naar het Bwabwata National Park te gaan, waar zij gisteren een luipaard hebben gezien. Het woord luipaard is voor Jan voldoende reden om het naadje van de kous te willen weten en ik weet nu al waar we straks naartoe zullen gaan! De vrouw laat mooie foto's zien van een luipaard, die over een half overwoekerd gebouw loopt.
We zoeken de ons toegewezen plek op, weer een prachtige kampeerplek aan het water, met lekker groen gras, schone toiletgebouwen, volop stroom dat door de zonnestralen wordt verzameld en... niet geheel onbelangrijk, geen aap te bekennen.

Op bijna dertig kilometer van de camping ligt het Bwabwata-park. Gedurende de oorlog met Angola was hier een militair kamp gevestigd. De dieren verdwenen naar veiliger plekken, er werd veel gestroopt en de oorlog zorgde natuurlijk ook voor de nodige slachtoffers. Nu de rust is wedergekeerd komen de dieren en daardoor ook de bezoekers weer terug. Volgens de informatie moet hier de grootste populatie wilde honden van Namibië leven. Wilde honden zijn nog zeldzamer dan luipaarden. Aangezien we nog maar één keer een luipaard hebben gezien, ga ik ervan uit dat we deze dieren niet zullen zien. Het park heeft, mede door de dreigende donkere wolken een sinistere sfeer. De voormalige militaire barakken staan half ingestort op het terrein en worden langzaamaan opgevreten door de natuur. De hele omgeving is vergeven van de dikke olifantendrollen. De drollen liggen er dan wel, maar de dieren laten zich niet zien.

De immer mooi gestreepte koedoes springen elegant rond, de weg wordt van redelijk erg slecht en een kraanvogel staat eenzaam in het landschap. Diepe plassen water doen mij al snel besluiten om het stuur maar weer aan Jan te geven. Gatver, ik heb genoeg van plassen water waarvan ik geen idee heb hoe diep ze zijn.

Penseelzwijnen, eerst denken we dat het wrattenzwijnen zijn, met pieterpeuterige baby's zijn altijd goed voor een lach. Penseelzwijnen hebben meer haar, met een rossige gloed, op hun rug dan wrattenzwijnen.

Tientallen nijlpaarden grazen langs het water, waterbuffels kijken zwijgend toe en tot onze stomme verbazing komt een gewone auto ons tegemoet rijden. Terwijl ik soms met dichtgeknepen ogen naast Jan zit, rijdt de man, heel relaxed rond in een tweewielaangedreven auto.

'Zie je wel, geen centje pijn,' grijnst Jan van oor tot oor.

Hij zit schaamteloos te genieten van deze pittige paden.

Toch vind ik het een vreemd park. Geen bewegwijzering, die rare militaire gebouwen en dan ineens aan het eind van de weg een totaal verlaten, ja wat is het, mini-dorpje waar niemand te zien is. Op een van de daken staat een zonnepaneel, aan de deuren hangen grote sloten. Jan draait de auto en we rijden dezelfde weg terug. Om het allemaal nog wat bizarder te maken ontdekt Jan ineens een kerkhof.

'Kijk maar,' wijst Jan naar links, waar tussen al het groen nog diverse graven te bekennen zijn.

Er staat een halfslachtige afrastering omheen, die vele jaren geleden zijn functie al heeft verloren. Tjeetje, wat een treurige plek, heb je je leven gegeven voor je vaderland, lig je voor altijd begraven in een eenzaam graf, bedolven onder de dikke shit van olifanten.

Nooit eerder waren we in zo'n naargeestig en beklemmend park; in elk opzicht een schril contrast met de warmte en gezelligheid van het Ngepi Camp. Ngepi dat in de plaatselijke taal zoveel betekent als 'hoe is het met jou'.

In een afgeschermd deel van de rivier kan men veilig zwemmen; zowel het personeel als de gasten maken er dankbaar gebruik van. Iedereen vertrouwt er volledig op dat de afrastering honderd procent nijlpaard- en krokodilbestendig is...

In Afrika

*R*ijden over de Caprivistrip blijft schitterend. De weg is meer dan goed; maar het is het dorpsleven, dat zich pal langs de weg afspeelt, dat ons zo boeit. Dorpjes komen en gaan, vanuit de auto kunnen we vaak een royale blik naar binnen werpen. Veel woongemeenschappen zien er netjes uit. De erven keurig aangeveegd, enkele toiletten staan net ver genoeg van de huisjes en de hutten en er is weinig tot geen afval. Sommige mensen nemen het niet zo nauw en storen zich duidelijk niet aan zwerfvuil of een wat krakkemikkig huisje. De mensen bepalen de sfeer. Vrouwen lopen weer met grote plastic bakken naar de kraan en alle vrouwen dragen een rok of jurk. Sommige kinderen helpen al dapper mee en dragen een klein bakje met water. Zo leer je al heel vroeg om heel zuinig met water om te gaan. Daarom ben ik altijd zeer onder de indruk van de schone kleding die de meeste mensen dragen. Alles wordt met de hand gewassen en wit is hier ook echt wit. Bijna alle vrouwen hebben mooi ingevlochten haar. Het duurt uren voordat een dergelijk kapsel klaar is, maar dan heb je ook voor maanden een unieke haardos.

Ossen trekken grote, houten sleeën voort over het zand. Tonnen vol water worden zo naar de plek van bestemming gebracht. Op schalen, die langs de weg staan zijn mooie piramides van sinaasappels gebouwd. Houtsnijwerk wordt te koop aangeboden. Ik zie nooit dat er iets verkocht wordt.
Koeien, geiten en ezels bepalen weer het verkeer. Honden liggen op het warme asfalt en gaan net zoveel aan de kant dat het gemotoriseerde verkeer er langs kan. Je mag uitwijken voor dieren op de weg, maar alleen als het kan.

Voorkom te allen tijde dat je gaat slingeren om een dier of wat dan ook te ontwijken. Trek je te plots aan het stuur, rijdend met een behoorlijke snelheid, dan kan de auto te snel heen en weer gaan, het zogenaamde dwarrelen. Doe je dit, dan is de kans echt aanwezig dat de auto omkiepert, met alle gevolgen van dien.
Ik hoor het de mensen van ASCO, toen we de auto in Windhoek ophaalden, nog zeggen. De boodschap was helder. Behalve het hatseflatsen -zo noemen we het vermorzelen van dikke olifantendrollen- willen we niets overrijden, aanrijden of omver rijden.

We laten Rundu links liggen en rijden door naar Grootfontein. Hele delen van het landschap zijn ooit afgebrand. Dode palmbomen staan zwartjes in het landschap, maar het herstel is alweer te zien. Vaak worden hele stukken, om diverse redenen, gecontroleerd afgebrand. Grootse en weidse luchten lijken hier grootser dan thuis, de wolken zijn witter, het blauw is vele malen blauwer en na bijna vierhonderd kilometer rijdt Jan de weg in van Roy's Camp, zestig kilometer voor Grootfontein. Roy's Camp is een leuke en geriefelijke camping. We waren hier twee keer eerder en we vinden het beiden leuk om bekende plekken nog eens te zien, herinneringen op te halen en nieuwe erbij te maken.
'Jullie zijn vandaag de eerste kampeerders,' zegt de dikke, jonge vrouw bij de receptie. 'Zoek maar een plekje uit.'
Alle plekken hebben gras, een aanrecht, een kraan, er is een gemeenschappelijke keuken, een prima toiletgebouw, een uitnodigend zwembadje en zowaar, ook hier gonst Wi-Fi door de receptie en bij het zwembad en dat allemaal bij een temperatuurtje van ruim veertig graden Celsius. Wij hebben geen wensen meer.

De door Jan met zorg aangebrachte duct tape fladdert, half gesmolten door de hitte, nonchalant boven op het kapotte afdekkleed en weet de losgescheurde repen nog net een beetje bij elkaar te houden.
Zo gauw ik het toiletgebouw binnenstap, herken ik alles. Wat kan een mens soms onbenullige dingen voorgoed opslaan in het geheugen. De grote met hout gestookte kachel -die voor het hete water moest zorgen- de zogenaamde *donkey*, is in de loop der jaren vervangen door elektrische verwarming.

Etosha

De indrukwekkende luchten en eindeloze vergezichten hebben plaats gemaakt voor donkere luchten en dreigende wolken. Het is aanmerkelijk koeler. Hoe geweldig ik de warmte ook vind, het kost tomeloos veel energie. Wat verkoeling tussendoor is een welkome afwisseling.
In Tsumeb stoppen we voor een cappuccino en de laatste boodschappen, laten de tank goed volgooien, pinnen nog snel wat Namibische dollars en dan zijn we helemaal klaar voor het Etosha-park.
'Hier, goed bewaren. Dit is een muntstuk van tien Namibische dollar. Ik denk dat het nog een keer erg veel geld waard gaat worden,' zegt de grove, bijzonder smoezelige eigenaresse van het Italiaanse zaakje, waar we een matige cappuccino hebben gedronken en ze geeft me een glanzend muntstuk.
Plotsklaps vind ik haar heel wat aardiger dan in het begin en ik laat de munt zorgvuldig in mijn tasje glijden, bij de andere dingen die in de loop der jaren een plekje in mijn reistasje hebben gekregen. Wat een lief gebaar en als goede vrienden nemen we afscheid.
We rijden op de gok naar Etosha, we hebben niets gereserveerd, maar eerdere reizen hebben ons geleerd dat er altijd wel een plekje is op een van de drie campings. Mocht dat niet lukken, ook buiten het park is volop accommodatie.
'Ja hoor, er is voldoende plek,' zegt de goedgemutste vrouw bij de ingang van de Von Lindequist Gate.
Alleen de registratie van de auto is voldoende om ons door te laten rijden. Hoppa, direct al in de pocket. Jan scoort onmiddellijk al een olifant. De zoveelste olifant met een wat verlaten uitstraling. Het dier is heel wat lichter van kleur dan zijn neven en nichten in Botswana.

Even verderop spotten we een opvallend lichtgekleurde giraffe; zijn vlekken zijn behoorlijk verbleekt in de zon.
Terwijl het gravel vertrouwd onder de wielen knerpt en knarst, rijden we het eerst naar Namutoni, een van de plekken waar de toerist kan overnachten. Er zijn kamers en ook een groot kampeerterrein. Er is hier nog volop plek maar we gaan verder. Hoewel elke accomodatie en kampeerterrein in dit park zo zijn charme heeft, hebben we voor Okaukuejo gekozen. Hier bevindt zich namelijk de allermooiste waterpoel van alle campings. 's Avonds wordt de waterpoel goed verlicht en meestal zijn er wel dieren te zien.
'Er was hier toch altijd een lange brug die naar de kazerne liep?' vraag ik enigszins verbouwereerd aan Jan.
We lopen naar de witte kazerne die Namutoni zo karakteristiek maakt voor deze plek en zijn teleurgesteld dat het niet meer is zoals we dachten dat het zou zijn. Er is het een en ander verbouwd, afgebroken en bijgebouwd. Het restaurant in de kazerne is verhuisd naar een andere plek, de souvenirwinkel is nog wel open, maar de anders zo gezellige binnenplaats is verlaten. We lopen nog even naar de waterplek, ook daar is niks te beleven.
Fijn voor het park en de dieren, maar jammer genoeg voor ons heeft het de laatste twee dagen erg veel geregend. Door het vele water vinden de dieren nu op meer plekken water en is de noodzaak om naar een waterplas te gaan veel minder. Ook dieren zijn geen fans van onnodige lichaamsinspanning en zullen dus ook geen pootje verder lopen dan nodig is. Gelijk hebben ze, dat wel, maar toch…
Bij het kantoor van Okaukuejo betalen we de entree voor het park en de camping. We krijgen plek 31, achter op de camping. In tegenstelling tot de parken in Botswana, is er in Etosha erg veel comfort voor de toerist. Geriefelijke

accommodaties, restaurants, zwembaden, kleine winkeltjes en Okaukuejo heeft zelfs een bescheiden postkantoortje. Maar… het wild is hier toch echt wild, en ook hier kan een mens uren rondrijden voordat men een andere auto tegenkomt. De wegen zijn goed onderhouden gravelwegen en dat maakt het park ook geschikt voor een gewone auto.
Het is vrij druk. Het is weekend en veel Namibiërs zijn er een paar dagen op uit getrokken, maar de plekken zijn ruim, dus echt last heb je niet van elkaar. We klappen de stoeltjes uit, koken water voor thee en voelen ons direct thuis.
We lopen naar de waterpoel en zien direct al een neushoorn staan. Op veilige afstand staat een giraffe en er komt een jakhals aanlopen. Jakhalzen zijn absoluut geen mooie dieren; gelukkig voor deze dieren wordt hun lelelijkheid iets gecompenseerd door hun elegeante manier van lopen. De afrastering van dikke keien en prikkeldraad moeten mens en dier van elkaar gescheiden houden. Er zijn hoge banken om op te zitten, weinig mensen en een bijzonder ontspannen sfeer. De vertrouwde olifantendrollen zijn het bewijs dat deze dieren tot aan de afrastering komen. Een kabouterachtig huisje met een stevige rieten puntmuts staat strategisch gebouwd; vanuit dit hutje kunnen toeristen ontspannen naar de dieren kijken.

Aan de rand van onze kampeerplek ligt een houten paal over een gat in de grond. Wat overdag een gewoon gat lijkt, blijkt 's avonds de woning van ma jakhals en haar kind te zijn. Tegen de schemering piept er ineens een ieniemienie jakhalsje uit het gat. Ma is er als de kippen bij om haar kind te beschermen. Er lopen altijd wel jakhalzen rond op de campings. Ze komen niet te dichtbij, laten zich makkelijk wegjagen en ik heb er geen last van.

Overal wordt duidelijk aangegeven om deze dieren niet te voeren, toch doen mensen het. Iets dat ik never nooit zal begrijpen. Je gaat naar dit soort parken omdat je graag wild wilt zien. Waarom dan dieren voeren zodat deze dieren verwend raken, niet meer zelf op voedseljacht gaan en uiteindelijk een gevaar voor de mensen en voor zichzelf vormen?

'Gatver, volgens mij heeft er een dier achter onze auto gekotst of gepoept,' wijs ik Jan iets glibberigs aan.

'Nee hoor, dat is voedsel voor de baby. Dat is er door de moeder neergelegd,' weet Jan.

Wat het ook mag zijn, het ziet er smerig en bijzonder onaantrekkelijk uit.

Allemaal olifanten

De olifanten hebben er duidelijk zin in. Jan rijdt richting het westen naar het Sprokieswoud, een plek met spookachtige aloëbomen die al vele jaren schijnbaar dood in het landschap staan, als twee indrukwekkende grote olifanten ons tegemoet komen kuieren. Zo op een vroege zaterdagmorgen hebben deze dieren alle tijd om hun ontbijt bij elkaar te krabbelen; de dieren laten ons zonder problemen passeren.

Er is vandaag amper verkeer in het grote Etosha-park; gelukkig wel veel wild. Honderden zebra's met allemaal hun eigen unieke strepen en lijnen, giraffes van donkerbruin tot lichtgekleurd. De altoos elegante gemsbok met zijn verfijnde belijning en grote hoorns, die als spiesen in de lucht prikken. Schuwe gnoes of wildebeesten lopen altijd wat schichtig rond, vette Kori Bustard (in het Nederlands worden deze dieren koritrap genoemd) loopvogels, zijn saai van kleur maar groot van formaat. Dus toch, ze kunnen vliegen; een vogel schrikt blijkbaar zo van ons dat het dier de vleugels klappert en zowaar enkele meters wegvliegt. Dat hebben we nog nooit eerder gezien. Deze vogel is de grootste vliegende vogel van Afrika en kan wel negentien kilo wegen.

Een door Jan gespotte neushoorn halen we door de verrekijker dichterbij, maar blijft te ver weg voor een foto. Deze slaan we dus maar op in ons geheugen. Maar dan hopla, een dikke neushoorn staat rustig aan de linkerkant van de weg, heeft geen haast, geen interesse in ons en laat zich ongestoord aan alle kanten bewonderen en fotograferen. Neushoorns stralen een bepaalde oudheid uit; er hangt een waas van eeuwigheid en prehistorie om deze dieren heen. Neushoornns zijn volgens mij hét bewijs dat dinosaurussen hebben bestaan.

Bij de waterplaats van Aus, parkeert Jan de auto. Gewoon staan, geduldig wachten en kijken.
'Wie weet komt er nog wat aanlopen,' zegt Jan optimistisch als altijd en pakt de verrekijker.
Er is niets te zien, ik pak mijn dagboek en ga verder met mijn aantekeningen. Een andere auto parkeert naast ons. De chauffeur beduidt dat we ons raampje open moeten doen.
'Zojuist zagen we een hele kudde olifanten de weg oversteken. We vermoeden dat ze op weg naar deze waterplas zijn,' zegt een Duitse man in prima Engels.
Daar gaan we eens even goed voor zitten, Jan speurt nog fanatieker door de verrekijker.
'Volgens mij komen ze er aan. Kijk maar naar die impala, ze staat doodstil en heeft haar oren gespitst,' zegt Jan met kennis van zaken.
Na enig gekraak komt de kudde tevoorschijn, een grote olifant voorop, de kleintjes veilig tussen de grote dieren. Wat een machtig gezicht. Zonder de veiligheid ook maar een moment uit het oog te verliezen, wordt er door de dieren water gedronken, proberen de kleintjes ertussenuit te piepen, worden onmiddellijk gecorrigeerd, drinkt iedereen zijn buik vol en worden diverse lichaamsdelen grondig met zand bepoederd. De dieren nemen de tijd.
Tja, je hebt natuurlijk ook nogal wat water nodig om ongeveer tweehonderd kilo aan gras, bladeren, struiken, soms ook vruchten en boomschors weg te werken. Al dat eten resulteert weer in die dikke drollen. Honderd kilo aan drollen per dag, daar draait een olifant zijn poot niet voor om. Met een gewicht van zesduizend kilo en een hoogte van wel vier meter behoren deze dieren tot de allergrootse landdieren die we kennen. We zitten erbij, kijken er naar en genieten met volle teugen. Wat een machtig gezicht.

Wanneer we even later bij de waterpoel van Rietfontein een nog grotere kudde zien, we tellen al snel achttien olifanten, kan deze gamedrive niet meer stuk. Tussen al die tientallen dikke olifantenpoten ontwaren we ook vier kleine pootjes die thuishoren bij het schattigste olifantje dat er maar is. Het is duidelijk dat dit jongste lid van de familie nog niet alle fijne kneepjes van het olifantenleven kent. Gelukkig zijn de olifantentantes en de mama altijd bereid om hun kennis over te dragen. Olifanten zijn hele sociale dieren en de andere dieren zullen tot het uiterste gaan om de kleintjes te beschermen en goed op te voeden. Olifanten kunnen erg oud worden, sommige worden wel zeventig jaar en hebben dus heel wat kennis vergaard om te delen. Baby olifant loopt met gemak onder de buiken van de grote dieren door. De dieren zijn ons goed gezind, ze laten zich aan alle kanten bewonderen, fotograferen en dat allemaal vanaf een veilige afstand, lekker in de auto.

Afrika laat zich van zijn beste kant zien: de dieren komen naar ons toe. Wij hoeven alleen maar onze adem in te houden en te genieten.

Literatuurlijst

Allison, Peter. *Voor de leeuwen*

Bakhuys Roozeboom, Willem. *You run you die :-)*

Davies, Caitlin. *De zwarte moerbeiboom*

De Paepa, Herbert. *Mensenvlees*

Dow, Unity. *Voorbij de horizon*

Hancock, Peter & I. Weiersbye. *Birds of Botswana*

Head, Bessie. *Als er regen komt * Een kwestie van macht * Maru. Een leven in Botswana * De hemel is niet gesloten*

Lanting, Frans. *Okavango de laatste oase*

Lee, Ton van der. *De Afrikaanse weg*

McNeice familie. *De Leeuwenkinderen*

Penry, Huw. *Birds Atlas of Botswana*

Pickford, Peter, B. Pickford & H. Motshagen. *Het land van de Okavango en de Chobe*

Rosman-Kleinjan, Ada. *Olifanten in de nacht * In Namibië * Tussen Himba, Zemba en Herero*

Rush, Norman. *Witmannen*

Scott, Robyn. *Twintig kippen voor een zadel*

Shostak, Majorie. *Het leven van een Kungvrouw * Nisa: een Koeng vrouw over haar leven*

Slaugter, Carolyn. *Versluierde tijd*

Theroux, Paul. *Laatste trein naar Zona Verde*

Te Gast in. *Te gast in Zimbabwe/Botswana*

Troost, Ruud. *Afrika safarigids*

Vlugt, Bas. *Namibië, Botswana en Zimbabwe*

Waard, Paul de. *Reishandboek Namibië & Botswana*

Eerder verschenen van Ada Rosman-Kleinjan:

Starende beelden op Rapa Nui
een reis van Paaseiland naar Peru
(door Chili en Bolivia)

Paaseiland; één van die plekken op de aarde waar onze Nederlandse voorouders hun voetstappen hebben achtergelaten. Sinds Boudewijn Büch in het begin van de jaren negentig van de vorige eeuw hier een televisieprogramma aan wijdde, wist Ada het zeker: hier moest en zou ze een keer naar toe. Paaseiland: het meest eenzame en bewoonde eiland ter wereld.

Na een wonderlijke en fascinerende week zijn ze teruggevlogen naar Chili om vervolgens over land, door Chili en Bolivia, helemaal naar Peru te reizen. Het werd een reis vol uitersten, extreme kou op de onmetelijke zoutvlaktes van Bolivia, waar roze flamingo's arrogant rondstappen en lama's nog nooit van kou hebben gehoord, ademloos rondlopen in sommige van de hoogst gelegen steden in de wereld: Potosi en La Paz. Genieten van kleurrijke markten, verdwalen tussen de vele optochten en parades, uren reizen in de geriefelijke bussen en luxe treinen om uiteindelijk aan te komen in Lima; de hoofdstad van Peru.

Ghana...
een reis op het ritme van de drums

Samen met haar echtgenoot reist de auteur door Ghana. Eeuwen geleden zijn miljoenen Afrikanen als slaven verscheept, via een van de vele Hollandse slavenforten aan de kust, naar onder andere Amerika en Suriname. Cape Coast en Elmina zijn dé plekken waar deze forten goed te bezoeken zijn. Op het Hollandse kerkhof in Elmina zijn nog steeds de namen te lezen op de graven van de Hollanders die hun verblijf in de tropen niet hebben overleefd. Na een bezoek aan deze forten ging het richting het Kakum Park waar werd gewandeld over de toppen van de bomen. Grote touwbruggen zweven veertig meter boven de grond en geven de reiziger een unieke kijk op dit tropische regenwoud. Via Kumasi, het hart van het Ashanti-rijk, werd een bezoek gebracht aan Hand in Hand (PCC) in Nkoranza. Een bijzonder project in Ghana waar kinderen met een verstandelijke beperking liefdevol worden verzorgd. In Boabeng-Fiema werden de heilige apen bezocht en met verbazing op het apenkerkhof rondgelopen. In het Mole Park werd genoten van de olifanten én het zwembad. De oude moddermoskee van Larabanga werd bewonderd en met de bus ging de reis verder naar het Noorden. Naar Tamale, Bolgatanga om te eindigen in Sirigu. Menig uurtje werd doorgebracht in trotro's, wachtend op de juiste busverbinding en kijkend naar een wereld waar de dingen vaak zo anders verlopen dan in Nederland én soms weer zo herkenbaar zijn.

In Namibië
kampeerreizen door het leegste land van Afrika

Diverse keren reisde de auteur door zuidelijk Afrika. In dit boek worden twee reizen beschreven waarbij Namibië centraal staat. Beide reizen begonnen echter in Kaapstad; Zuid-Afrika.
In het eerste deel, eerder verschenen als *Overstekende Olifanten*, werd er ook regelmatig gestopt voor overstekende olifanten. De rode duinen van de Sossusvlei werden bewonderd en in de steden Lüderitz en Swakopmund waanden zij zich in Duitsland. Er werd onder andere gekampeerd op de mooie campings in Etosha en in de buurt van de grillige kokerbomen in Keetmanshoop. De reis ging helemaal naar Opuwo, Namibisch meest Afrikaanse stad, dicht bij de grens met Angola. Op bezoek bij de traditioneel levende Himba en de San stapten zij terug in de tijd. In het tweede deel, *Diere op pad*, zijn de indrukken verwerkt van een nieuwe reis die Ada en Jan door deze twee landen in zuidelijk Afrika hebben gemaakt. Bekende plekken werden bezocht en nieuwe plekken werden ontdekt.
Ruim 16.000 kilometer werd er afgelegd tijdens deze reizen, waarvan duizenden kilometers op onverharde wegen. Beide reizen geven samen een goed beeld van wat de reiziger kan verwachten in dit deel van Afrika.

In het Duits te verkrijgen via www.bod.de onder de titel
In Namibia

Myanmar
reizen door door het Gouden Land

Myanmar, Birma, Burma of het Gouden Land; de naam is al net zo veelzijdig als het land zelf. Waar Ada Rosman-Kleinjan en haar echtgenoot Jan Rosman ook verbleven en waar zij ook rondreisden altijd was er wel een gouden Boeddha in de buurt of een fraaie pagode die zijn gouden dom de blauwe lucht in stak. Myanmar wordt dan ook niet voor niets het Gouden Land genoemd. Myanmar: een schitterend land met glanzende pagodes en stralende tempels. De reis begon in Yangon en via Pyay ging de reis verder naar de betoverende tempels van Bagan. Vervolgens met de boot naar Mandalay. Met de bus kwamen zij midden in de nacht aan bij het Inlemeer waar beenroeiers op een heel bijzondere manier vissen en de drijvende tuinen voor groente zorgen. Na een bezoek aan de tempelgrot van Pindaya reisden zij naar Bago en raakten diep onder de indruk van twee grote, liggende Boeddha's. De gouden rots van Kyaiktiyo werd bewonderd, om daarna nog één keer in de bus te stappen die hen veilig naar de hoofdstad terugbracht. Myanmar, waar de prachtige en veelkleurige bevolking je het gevoel geeft dat je een langverwachte gast bent en grauwe ossen en stoere buffels traag door het landschap sjouwen.

Eeerder verschenen als *Myanmar... op blote voeten door het Gouden Land*. Is als 2e druk geheel aangepast.

De drums van TIMKAT
een reis door Ethiopië

Ethiopië: het land van de verbrande gezichten. Een land waar meer dan tachtig verschillende bevolkingsgroepen wonen die allemaal hun eigen cultuur, gewoontes en traditie hebben. De reis begon in het Noorden met een busreis van Addis Ababa naar Bahir Dar aan het Tanameer waar schitterende kloosterkerken op eilandjes zijn gebouwd en de watervallen van de Blauwe Nijl voor rokend water zorgen. Ada en Jan reisden verder naar Gondar waar ze genoten van het bruisende Timkatfestival en het Simien National Park waar vriendelijk Gelada-apen nieuwsgierig naar de mensen kijken.
De rotskerken van Lalibela werden bezocht om vervolgens verder te reizen naar Axum, dicht bij de grens met Eritrea
Het Zuiden met zijn kleurrijke bevolking in de Omovallei waar de reiziger het gevoel krijgt terug in de tijd te stappen. De Konso-mensen met hun eeuwenoude manier van landbouw en de vriendelijke Hamer-mensen met hun heftige traditie. Mursi-vrouwen die zo opvallen met grote kleischotels in hun onderlippen. De Key Afar-markt waar de Bena-vrouwen een halve kalebas als hoofddeksel dragen en stoere Bena-mannen gekleed gaan in strakke rokjes.
Ethiopië: een land met een rijk verleden, een boeiend heden en een trotse bevolking.

In Boeddha's schaduw
een reis door China en Tibet

China en Tibet. Samen met haar echtgenoot reist de auteur af naar deze twee landen in Azië. De reis begint in Hongkong, om vanuit deze miljoenenstad door te reizen naar het Karstgebergte in het zuiden van China.

Vervolgens met het vliegtuig naar Chengdu waar het Panda Onderzoekscentrum staat én het vliegtuig dat het echtpaar naar Lhasa, de hoofdstad van Tibet brengt.

Tibet: in geen enkel opzicht te vergelijken met China. De hoofdstad Lhasa, met het imponerende Potalapaleis en de vele kloosters en tempels. Samen met een gids en chauffeur reist het echtpaar naar het base camp van de Mount Everest. Letterlijk en figuurlijk een adembenemende autoreis over de Vriendschapsweg. Met de Hemeltrein gaat de reis vaan Xi'an waar zij onder ander het Terracotta-leger bezoeken. In de authentieke, ommuurde stad Pingyou is het heerlijk fietsen, slenteren en genieten voordat de reis verdergaat naar Datong. Datong waar zij het Hangende Klooster en de duizenden Boeddha's in de Yungang-grotten bewonderen.

De reis eindigt in de hoofdstad Beijing; een stad om dagenlang in te verdwalen: de oude *hutongs*, moderne tienbaanswegen, het stalen Vogelnest van de Olympische Spelen en het allergrootste, door mensenhanden gebouwde, bouwwerk ter wereld: De Chinese Muur.

Woestijnkastelen en Stadskamelen
op reis door Jordanië

'Ga je nog een boek schijven over jullie reis naar Jordanië?' vroeg ze toen ik vertelde dat we Jordanië hadden gekozen als onze volgende bestemming.
'Nee, dat was ik niet van plan. We gaan niet zo ver weg en ook niet zo lang. Ik moet wel iets te vertellen hebben was mijn reactie.'
'Dat vind ik jammer, want Jordanië is nu echt een land waar ik nog wel eens naartoe zou willen,' zei ze. Het zaadje was gezaaid en bleef in mijn geheugen haken. Misschien is het wel leuk om een kleinere uitgave van mijn Wombat reisboeken te maken, mijmerde ik verder. Kleintje Wombat? Jordanië: een verre bestemming maar toch dichtbij.
Een land met een eeuwenoude geschiedenis en de daarbij horende ruïnes. Een oase van rust in het roerige Midden-Oosten. Een land met een prima infrastructuur en vriendelijke en behulpzame mensen. Een land waar je vol bewondering kijkt naar de Treasury van Petra en de rauwe schoonheid van Wadi Rum. Een land waar enkele keren per dag een welgemeend 'Welcome in Jordan' tegen de toerist wordt gezegd.

Een land om een reisboek over te schrijven... **kleintje Wombat.** Verre bestemmingen dichtbij.

Voor meer info over een reis als deze:
www.ascocarhire.com/nl
www.explore-namibia.com

*B*en je na het lezen van dit boek, of na het lezen van een mijn andere boeken nieuwsgierig geworden naar meer verhalen?
Kijk op **www.adarosman.nl** voor lezingen (powerpoint presentaties) die door Jan worden gegeven.

Ook vind je op deze site alle informatie over mijn boeken. Wil je echter niets missen? Elke twee maanden komt er een gratis Wombat nieuwsbrief uit, met de laatste info over onze reizen, mijn boeken, Jan zijn lezingen en leuke tips voor reizigers en/of lezers. Stuur een mail en je naam wordt op de lijst gezet.

Natuurlijk ben ik te vinden op Facebook, Twitter, Linkedin en Google+.
Misschien vind je mijn Facebook pagina '**Wombat reisboeken**' wel leuk!
Reageren? Wat vragen? Gesigneerd boek bestellen? Interesse in een boeiende lezing? Foto-expositie?

We horen graag van je.
Ada Rosman-Kleinjan
reizen en schrijven

Nieuwstraat 39
7443 XM NIJVERDAL
t 0548-610539
e info@adarosman.nl
wombatboeken76@outlook.com
www.adarosman.nl
KvK Enschede 0818953

* Lezers kunnen op geen enkele wijze rechten ontlenen aan de informatie zoals die is beschreven in dit boek.

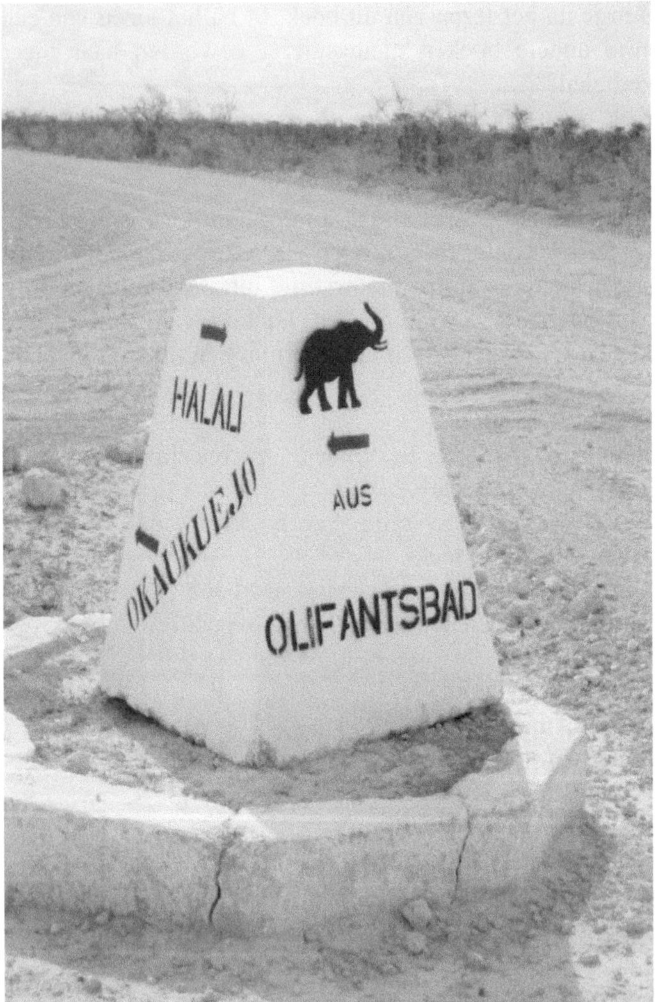
HALALI
OKAUKUEJO
AUS
OLIFANTSBAD